ABITUR-WISSEN
GESCHICHTE

Stefan Schuch

Französische Revolution

STARK

ISBN 978-3-89449-546-6

www.stark-verlag.de
1. Auflage 2001

Inhalt

Autor: Stefan Schuch

Vorwort

Liebe Schülerinnen und Schüler,

zu den unverrückbaren Grundsätzen aller demokratischen Staaten zählen die **Menschen- und Bürgerrechte**. Diese für uns heute so selbstverständlichen Rechte, z. B. die Gleichheit aller Menschen, das Recht auf freie Meinungsäußerung, das Recht auf Bildung usw., die im Grundgesetz für die Bundesrepublik Deutschland Artikel 1–19 festgeschrieben sind, gehören zu den Erbschaften der Französischen Revolution.

Diese Revolution, die schon von den Zeitgenossen als ein epochales Ereignis von grundlegender historischer Bedeutung verstanden wurde, hat die Entwicklung der modernen Staaten wesentlich vorbereitet und beeinflusst. Nicht nur, dass erstmals in der europäischen Geschichte die Menschen- und Bürgerrechte verfassungsrechtlich verankert wurden, sondern auch der erste Versuch einer auf den Prinzipien der **Volkssouveränität** beruhenden Regierungsform in der neueren europäischen Geschichte, macht die Französische Revolution für die Gegenwart bedeutungsvoll. Auch wenn die Revolution in ihrem Verlauf die anfänglichen Grundsätze verließ und menschliche sowie politische Fehler zu Missentwicklungen und Irrwegen führten, bildete sie letztendlich doch die Grundlage zur Ausprägung der bürgerlichen Gesellschaft und modernen Demokratie.

Der vorliegende Band soll Ihnen sowohl einen Überblick über den Ablauf der **verschiedenen Phasen** der Revolution als auch Einblick in deren Wirkungsbereiche geben. Die **politischen und gesellschaftlichen Umwälzungen** der Revolution fanden nämlich auch in vielfältiger Weise Niederschlag im Alltagsleben. Des Weiteren war die Französische Revolution kein auf Frankreich selbst beschränktes Ereignis, sondern strahlte auch auf die **Nachbarstaaten**, insbesondere auch auf das Alte Reich aus.

All diese Aspekte werden systematisch beleuchtet, sodass Sie den Band für den Geschichtsunterricht, für Referats-, Klausuren- und Abiturvorbereitung nutzen können. In die Darstellung sind Zitate aus den Originalquellen und aus der Sekundärliteratur aufgenommen, sodass sowohl die zeitgenössischen Ansichten als auch der Blick der Forschung Beachtung finden.

Stefan Schuch

Stände Gesellschaft 1-3 – Staatsschulden & Finanzkrisen
3. Stand war Machtlos – Bevölkerungswachstum
Wirtschaftskrise & Hunger

Ursachen der Französischen Revolution

Bei der Suche nach den Ursachen für die enormen politischen und gesellschaftlichen Umwälzungen der Französischen Revolution wird man keine einfachen Erklärungen finden. Vielmehr sind es eine ganze Reihe verschiedener Gründe, die alle zusammen das ausmachen, was man als **Krise des Ancien Régime**, also der alten gesellschaftlichen und politischen Ordnung Frankreichs, bezeichnet. Diese Krise setzte sich wiederum aus unterschiedlichen lang-, kurz- und mittelfristigen Veränderungen und Problemen zusammen, innerhalb derer die politischen Faktoren eine wichtige Rolle spielten.[1]

Die Aufklärung

Die Veränderungen, die am langfristigsten wirkten, waren die philosophischen Neuansätze im Europa des 18. Jahrhunderts. Die Befreiung des Menschen aus seiner selbstverschuldeten Unmündigkeit (Immanuel Kant), also die **Aufklärung**, hatte wesentlichen Anteil daran, dass die Ideologie des Ancien Régime, vor allem der Absolutismus infrage gestellt wurde. Denis Diderot, der führende französische Aufklärungsphilosoph und Mitherausgeber der „Encyclopädie oder Vernünftiges Wörterbuch der Wissenschaften, Künste und Handwerk", fasste den Fortgang der aufklärerischen Bewegung 1771 in einem Brief zusammen. Er schreibt, dass die Vernunft während der Aufklärungszeit ihre Einflusssphäre immer mehr erweitert habe und man von der Kritik an der Religion zur Kritik an der Gesellschaft fortgeschritten sei.

Die Aufklärungsliteratur hatte nach 1770 zu einer deutlichen Kritik an den traditionellen Autoritäten geführt, jedoch wurden konkrete politische oder gar revolutionäre Ziele nur selten angesprochen. Trotzdem führte die Philosophie im Namen der Vernunft (*ratio*) einen erfolgreichen Kampf gegen das absolutistische Gottesgnadentum, indem sie der Naturrechtslehre zum Sieg verhalf. Die Vernunft und die Wissenschaft traten an die Stelle der göttlichen Offenbarung und der Bibel. Zu den Philosophen, deren Werke am meisten Einfluss auf die Umstrukturierung der Gesellschaft hatten, zählten **Montesquieu**, **Voltaire** und Jean Jacques **Rousseau**.

1 Eine gute Darstellung hierzu geben Hans-Ulrich Thamer: Ursprünge und Ursachen. In: Ploetz. Die Französische Revolution, S. 8–24 und Axel Kuhn: Die Französische Revolution, S. 25–30

Wegbereiter der Revolution: Jean-Jaques Rousseau (1712–1778), Montesquieu (1689–1755), Voltaire (eigentl. Francois Marie Aurouet; 1694–1778).

1748 veröffentlichte **Montesquieu** sein Hauptwerk *L'Esprit des lois* („Vom Geist der Gesetze"), in dem er für den idealen Staat eine gegenseitige Kontrolle der drei Gewalten, der Exekutive, der Legislative und der Judikative verlangte. Nur wenn diese Gewalten im Besitz verschiedener Organe seien, könne der Machtmissbrauch verhindert, der Willkürherrschaft vorgebeugt und eine Verfassung der Freiheit garantiert werden: „Wenn in derselben Person [...] die gesetzgebende Gewalt mit der vollziehenden vereinigt ist, gibt es keine Freiheit [...]. Es gibt ferner keine Freiheit, wenn die richterliche Gewalt nicht von der gesetzgebenden und der vollziehenden getrennt ist."[2] Montesquieu, der zur *Noblesse de robe,* dem Amtsadel, gehörte, kann als Theoretiker der Adelsopposition und Anhänger der konstitutionellen Monarchie gesehen werden.[3]

Über **Voltaire** sagte der Revolutionär Rabaut Saint-Etienne: „Er hat uns Denken gelehrt." Eine Äußerung, die dem Philosophen selbst gut gefallen hätte, ging es ihm doch bei seinen Bemühungen um die Aufgeklärtheit darum, die Unvernunft zu bekämpfen. Toleranz, geistige Freiheit, persönliche Sicherheit und Unabhängigkeit von der Religion waren Ziele, die in seinem Denken eine zentrale Rolle spielten. Bei Voltaires Kampf gegen die Ungerechtigkeit war allein die **Vernunft** der Maßstab zur Unterscheidung von Recht und Unrecht. Da aber nicht alle Menschen diese „Vernunft" besäßen, müsse die große Masse durch vernünftige und aufgeklärte Geister geführt werden. Voltaire, der den politisch verantwortungsbewussten Bürger zum Ideal erhob, diente während der Revolution dem Handelsbürgertum und den Girondisten als Hauptquelle ihrer ideologischen Grundsätze.[4]

Der in Genf geborene Jean Jacques **Rousseau** gilt gemeinhin als Vater der **Volkssouveränität**, wobei er in seinem Denken – und das wird oft vergessen

2 Zit. nach: Norbert Hoerster (Hrsg.): Klassische Texte der Staatsphilosophie. München ^{8}1993, S. 182
3 Zu Montesquieu vgl. Hans Maier u. a. (Hrsg.): Klassiker des politischen Denkens. München ^{5}1987, S. 45–57
4 Zu Voltaire vgl. Holmsten, G.: Voltaire. Reinbek b. Hamburg ^{11}1994

– stark von den Enzyklopädisten, insbesondere von Diderot beeinflusst war. Rousseau, ein Gesellschaftskritiker, machte das persönliche Eigentum als Grund für die Ungleichheit der Menschen aus und zog daraus die Schlussfolgerung, dass nur die gesetzliche Sicherung des Besitzes – heute spricht man von der Sozialbindung des Eigentums – den Bestand des Staates gewähren könne. In seiner Schrift *Contract social* („Der Gesellschaftsvertrag") brachte er seine politische Utopie auf den Punkt: Wenn das Zusammenleben der Menschen gerecht gestaltet werden solle, so müssten sich alle dem allgemeinen Willen (**volonté général**) unterwerfen. Die Idee vom übergeordneten Gesamtwillen machte Rousseau zum Vordenker des demokratischen Kleinbürgertums und der Jakobiner in der Französischen Revolution.[5]

Die Ständegesellschaft

Die Sozialstruktur Frankreichs war noch ganz von der **Ständegesellschaft** bestimmt, auch wenn diese schon im beginnenden Umbruch war.

Im 18. Jahrhundert war Frankreich stark agrarisch geprägt; 85 % der Bevölkerung lebten auf dem Land. Rund ein Drittel der **Bauern** bewirtschaftete den eigenen Grund und Boden, der häufig von minderer Qualität war; Adel und Klerus übten über 45 % der landwirtschaftlichen Fläche die Grundherrschaft aus. Der Rest war in Nachahmung adeliger Lebensweise von Mitgliedern des gehobenen städtischen Bürgertums erworben worden.

Die Bauern, die in Abhängigkeit zu einem Grundherrn standen, mussten neben den „normalen" königlichen Steuern[6] weitere **Abgaben** leisten. Hierzu zählten ein Teil der eingebrachten Ernte *(Champart)*, Geldzahlungen *(Cens)* sowie Abgaben und Leistungen zu bestimmten Gelegenheiten, z. B. bei der Hochzeit des Grundherrn. In einigen Provinzen existierte noch die Verpflichtung zu **Frondiensten**. In einem Klageschreiben eines Bauern vom Januar 1789 heißt es: „Die ganze Gegend ist mit Abgaben verpestet. Der größte Teil der Ländereien schuldet jährlich den siebenten Teil des Weizens pro Morgen, andere Wein; der schuldet den vierten Teil der an die Herrschaft zu liefernden Früchte, jener den fünften und so weiter, wobei immer der Zehnt vorher erhoben wird; der den zwölften, jener den dreizehnten. All diese Lasten sind so absonderlich, dass ich deren vom vierten Teil der Früchte bis zum vierzigsten

5 Vgl. Schulin, E.: Die Französische Revolution, S. 168–174; Kuhn, A.: Die Französische Revolution, S. 42–57; zu Rousseau vgl. vgl. Hans Maier u. a. (Hrsg.): Klassiker des politischen Denkens. München [5]1987, S. 80–100

6 Von staatlicher Seite gab es z. B. eine Kopfsteuer, eine Leibsteuer, eine Frondienststeuer, eine indirekte Salzsteuer und Verbrauchssteuern auf Alkoholika u. a. m.

kenne. Was soll man von diesen ganzen Abgaben in allen Gestalten halten: von Körnerfrüchten, Gemüsen, Geld, Geflügel, Fronden, Holz, Obst, Kerzen? Ich kenne solche seltsame Gülten in Gestalt von Brot, Wachs, Eiern, Schweinen ohne Kopf, Hochzeitsgaben, Veilchensträußen, goldenen Sporen und so weiter. Es gibt noch eine unzählige Menge von anderen Herrenrechten. Warum hat man Frankreich nicht von all diesen verrückten Abgaben freigemacht?"[7]

Zusätzlich verlangte auch die **Kirche** ihren Teil, den so genannten Kirchen-Zehnt. Rechnet man alle Belastungen zusammen, so blieb für den einzelnen Bauern letztlich ungefähr ein Drittel des Erwirtschafteten zum Eigenverbrauch. Das reichte normalerweise auch zum Leben aus. Kam es jedoch wetter- oder kriegsbedingt auch nur zu geringen Ernteeinbußen oder gar -ausfällen, so gerieten die Landwirte in eine prekäre Situation. Um ihren Abgabeverpflichtungen nachzukommen und das eigene Überleben zu sichern, mussten sie sich – meist beim Grundherrn – verschulden, wodurch sie noch stärker in Abhängigkeit gerieten. Bereits im Mai und April 1775 war es daher zu Aufständen, dem so genannten Mehlkrieg, gekommen.

Missernten schlugen auch auf die **städtische Bevölkerung**, die auf die Produkte der Landwirtschaft für ihre Ernährung angewiesen war, zurück, da der Getreidemangel zu Brotteuerung sowie -knappheit führte. Infolge der Missernte von 1788 stiegen die Brotpreise im Juli 1789 auf den höchsten Stand des ganzen Jahrhunderts. Ein Augenzeuge aus Paris berichtet, dass der Mangel immer größer geworden sei, sodass sich die Menschen um die Brotzuteilungen schlugen und der Platz vor dem Brotladen oft blutig gewesen sei. „Dieses Brot, das man mit so vielen Mühen ergatterte, war bei weitem kein gesundes Nahrungsmittel; meistens war es schwarz, erdig und bitter, brannte im Hals und rief Leibschmerzen hervor."[8]

Dass Missernten sich so verheerend auf die Stadtbevölkerung auswirken konnten, lag aber auch an der seit 1750 zu verzeichnenden **Bevölkerungszunahme** Frankreichs[9], als deren Folge viele, die auf dem Land keine Beschäftigung fanden, in die Städte zogen und eine große, am Existenzminimum lebende Unterschicht bildeten, wie man dies heute von Großstädten in der Dritten Welt kennt. Gerade diese Armen – laut Schätzungen gab es zu dieser Zeit etwa 5 Mio. Bettler in Frankreich – waren es dann auch, die bei einem weiteren Anstieg der Brotpreise nicht mehr mithalten konnten und so in erster Linie von Hunger, Krankheit und Tod betroffen waren.

7 Landauer, G. (Hrsg.): Briefe aus der Französischen Revolution. Berlin 1985, Bd. 1, S. 153
8 Zit. nach: Lautemann, W.: Geschichte in Quellen. Amerikanische und Französische Revolution. München 1981, S. 183 f.
9 Von 1700–1789 hatte sich die Bevölkerung ungefähr vervierfacht, sie umfasste nun 28 Mio. Im Vergleich dazu: England 9 Mio. Einwohner.

In ganz Frankreich kursierten Gerüchte über den Prunk am königlichen Hof. Das reiche Bürgertum ahmte die Festlichkeiten des Adels unter anderem durch Gelage mit Sekt und Austern nach. Vor allem Adel und Geistlichkeit, reich gekleidet und wohlgenährt, lebten auf Kosten der Bauern, die stark unter der Steuerlast und den grundherrlichen Abgaben litten.

Der Gegensatz zwischen Stadt und Land hatte sich seit 1780 immer mehr verschärft, da das Bürgertum Nutznießer der bäuerlichen Arbeit war, während die ländliche Bevölkerung in keiner Weise von der Bourgeoisie profitierte. Gerade das obere Bürgertum, das sich durch Nachahmung adeliger Lebensweisen immer mehr dem Adel anpasste, erwarb Land und suchte dadurch sein Einkommen zulasten der abhängigen Bauern zu steigern.

Das **Bürgertum** selbst war keine homogene Schicht und ist auch nicht gleichzusetzen mit dem Dritten Stand. Die oberste Schicht der **Bourgeoisie** bildeten diejenigen, die über nicht selbst erwirtschaftetes Vermögen verfügten, also Bankiers, Kaufleute und Manufakturbesitzer. Sie waren es, die auf die Anpassung an den Adel fixiert waren. Durch ihr Kapital war es ihnen möglich, neben Grundbesitz auch Ämter zu erwerben, die die Monarchie aus finanzieller Not verkaufte. Dadurch entstand eine zweite Elite, der bürgerliche **Amtsadel**, wie die ca. 30 000 bis 50 000 Adelserhebungen im 18. Jahrhundert belegen. Derartige Bestrebungen nach Aufstieg lassen sich auch bei Ärzten, Advokaten und Notaren feststellen. Gerade innerhalb dieser Gruppe hatte die Aufklärung ihre Anhänger und hier entwickelte sich zuerst politisches Bewusstsein. Jedoch nicht allen Intellektuellen war eine Karriere vergönnt, da auch die Anzahl der Ämter beschränkt war. So kam es in den Städten zur Entstehung eines unzufriedenen „akademischen Proletariats", das dann in der Revolution seine Chance sah und diese auch zu nutzen suchte.

Rund zwei Drittel des Bürgertums bildeten die **Kleinbürger**, die **Händler** und die **Handwerker**. An letzter Stelle stand eine ständig wachsende **Unterschicht** aus Dienstboten, Laufburschen, Tagelöhnern und Erwerbslosen.

Die Ständegesellschaft des Ancien Régime

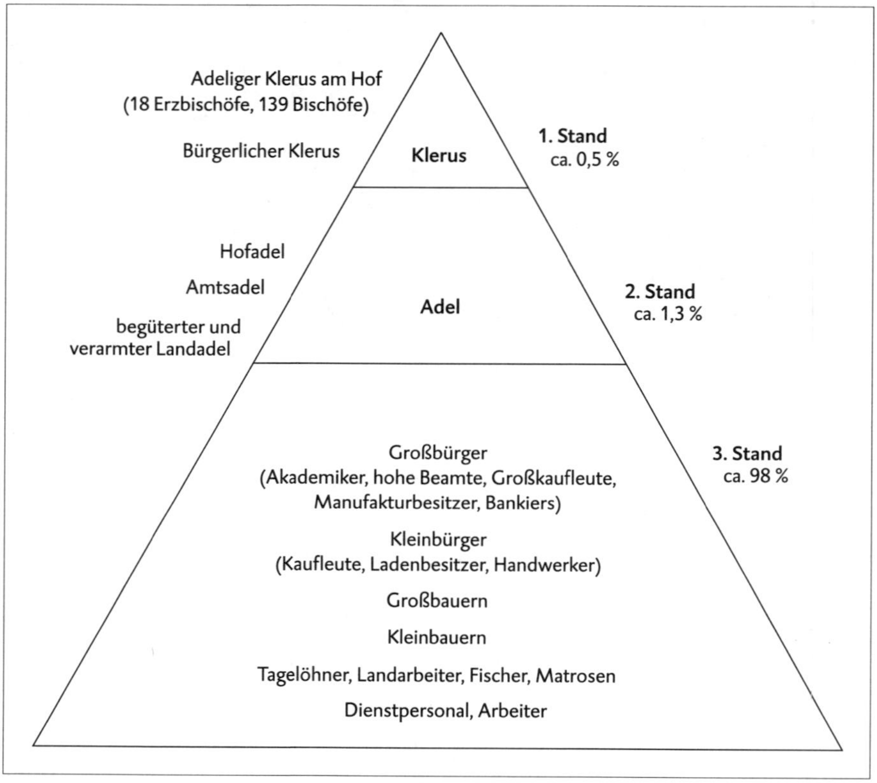

Der **Adel** in Frankreich besaß das Recht, die höchsten Ämter im Staat, in der Armee und in der Kirche zu besetzen. Gemeinsames Kennzeichen aller Adeligen war das Privileg der **Steuerbefreiung**. Abgesehen von dieser Gemeinsamkeit war auch die Aristokratie keine einheitliche ständische Gruppierung, denn die sozialen und ökonomischen Unterschiede zwischen Hoch- und Provinzadel waren groß. Während der Schwertadel am königlichen Hof in Versailles das verschwenderisch prächtige Leben des absolutistischen Monarchen teilte, lebte der Kleinadel teils verarmt auf heruntergekommenen Landsitzen. Hinzu kam der Gegensatz zwischen den Altadeligen und den Neunobilitierten, da Erstere durch den nachdrängenden Geldadel vor allem ihre die Versorgung sichernden Offiziersstellen in Gefahr sahen. Zum Großteil war der Adel in Frankreich nicht intellektuell, jedoch gab es eine Minderheit, die sich am geistigen Leben beteiligte und dann auch eine wichtige Rolle im Vorfeld der Revolution spielte. Zu diesem liberalen Adel, in dessen Kreisen die Gedanken der Aufklärung Eingang gefunden hatten, gehörte auch Montesquieu.

Die **gallikanische Kirche** war, da sie seit Ludwig XIV. **Staatskirche** war, äußerst einflussreich, was insbesondere für die Bereiche Erziehung, Armen- und Krankenfürsorge galt. Die höchsten Kirchenämter im vorrevolutionären Frankreich – rund 10 000 – waren durchweg mit Adeligen besetzt, die zum Teil nie in ihre Diözesen kamen, da sie das Leben am Hof den Anstrengungen der Seelsorge vorzogen. Die einfachen Pfarrer auf dem Land und in den Städten waren bei weitem nicht wohlhabend, und mancher Pfarrer, der sich vor Ort um Unterricht und Fürsorge zu kümmern hatte, lebte selbst am Existenzminimum. Dieser niedere Klerus aber war am „Puls des Volkes" und kannte so auch die Nöte und Meinungen, die er bisweilen mit dem Dritten Stand teilte.

Die Finanzkrise des Ancien Régime

Zwar gilt Frankreich als der Prototyp des **Absolutismus**, der auf dem Gottesgnadentum begründeten Königsherrschaft, die durch keine Gesetze beschränkt ist (*rex legibus solutus*), jedoch war die Macht der französischen Könige in Wirklichkeit keineswegs unbeschränkt. Insbesondere der **Adel** war seit dem Tod Ludwigs XIV. immer wieder bemüht, sich der Einschränkungen und Gängelungen durch den Monarchen zu entziehen. Zwar waren die **Generalstände** mit ihrem Steuerbewilligungsrecht seit 1614 nicht mehr einberufen worden, jedoch fanden die Adeligen in den Ständevertretungen der Provinzen sowie in den Gerichtshöfen, den *parlements*, die für die Registrierung der königlichen Gesetze zuständig waren, Betätigungsfelder, um gegen den Absolutheitsanspruch des Königs zu agieren. Zwischen der Aristokratie, die sich zu einer **Adelsopposition** formierte, und der Krone kam es immer wieder zu einem Kräftemessen. Virulent wurde die Krise unter dem willensschwachen und leicht beeinflussbaren **Ludwig XVI.**, der seit 1774 in Versailles regierte. Die Monarchie verlor immer stärker Ansehen; hierzu trugen Skandale ebenso bei wie die Willkür in der Finanzpolitik und im Justizwesen. Hinzu kamen die sehr großen finanziellen Schwierigkeiten und die militärischen Misserfolge im Siebenjährigen Krieg (1756–1763), die beide in engem Zusammenhang standen.

Ludwig XVI. galt als pflichtbewusst, gewissenhaft und persönlich anspruchslos. Seine Frau Marie Antoinette, Tochter Maria Theresias, war der glanzvolle Mittelpunkt des Hofs.

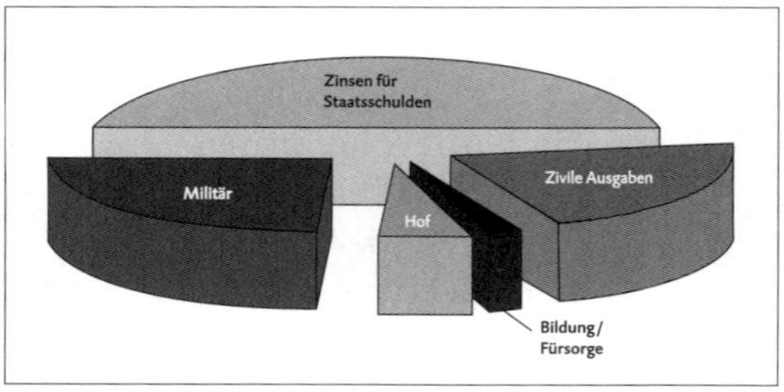

Zwar war der verschwenderische Lebensstil des Monarchenpaares auch Anlass für einen permanenten Aderlass der Staatskasse – immerhin 6 % des Gesamthaushalts –, das weitaus größere Loch rissen mit 25 % aber Militärausgaben in den Etat. Das französische Engagement im amerikanischen Unabhängigkeitskrieg hatte den Staat immens viel Geld gekostet. Dass 50 % der Staatsfinanzen zur Zinstilgung aufgebracht werden mussten, zeigt, wie sehr die Verschuldung das Ancien Régime belastete.

Frankreich hatte im 18. Jahrhundert zwar einen großen wirtschaftlichen Aufschwung erlebt, der allerdings in den 70er-Jahren im Zuge einer gesamteuropäischen Wirtschaftskrise ins Stocken geriet, was sich in erster Linie in der Verteuerung der Grundnahrungsmittel niederschlug. Lösungsversuche des finanziellen Dilemmas durch die Krone gab es seit den 70er-Jahren des 18. Jahrhunderts wiederholt. Eine 1787 einberufene Notablenversammlung[10] widersetzte sich jedoch den königlichen Reformen und bestand darauf, dass allein den Generalständen das Recht der Steuergesetzgebung zugestanden werden könne. Diese Haltung zeigt deutlich, dass der Adel jede Chance nutzen wollte, um seine politische Macht wieder auszubauen. Gerade die vom Adel besetzten Parlamente machten sich zum Wortführer einer Opposition gegen den „ministeriellen Despotismus" und für die Unverletzlichkeit des Individuums. Diese Haltung der Parlamente änderte sich aber, als es im Sommer 1788 um die Zusammensetzung der Generalstände ging, denn die vordergründig fortschrittlichen Gerichtshöfe offenbarten sich als Hort der Reaktion.

Die Versuche der Krone, eine Besteuerung von Adel und Klerus durchzusetzen, führten dazu, dass der Adel revoltierte und gegen die königliche Politik Front machte. Treibendes Motiv der Aristokraten war dabei auch der Wunsch, die vorabsolutistischen Zustände im Land wiederherzustellen. Um eine Eskalation der Situation zu verhindern, gab Ludwig XVI. am 15. Juli 1788 der Forderung nach **Einberufung der Generalstände** nach. Der König und seine Minister hofften bei dieser Ständeversammlung mithilfe des Dritten Standes eine neue Grundsteuer durchsetzen zu können. Der Staatsbankrott im August 1788 war aber nicht mehr zu verhindern.

10 Darin vertreten waren Mitglieder der hohen Geistlichkeit, des Hofadels, der obersten Gerichtshöfe (Parlamente), der Provinzialstände und der Stadtmagistrate.

Die erste Revolution 1789

Die Generalstände in Versailles

Der Termin für das Zusammentreten der Generalstände wurde von Ludwig XVI. auf den 1. Mai 1789 festgesetzt. Im Januar war die Wahlordnung veröffentlicht worden, nach der der Adel seine 300 Abgeordneten direkt, Klerus und Dritter Stand, dem eine Verdoppelung der Deputiertenanzahl von 300 auf 600 zugestanden worden war, indirekt wählten. Die Wahl sorgte in ganz Frankreich für Aufregung; rund 2 500 Schriften erschienen, die Gesellschaftsreformen forderten. Jede Wählerversammlung hatte auch das Recht, eine Beschwerdeliste *(cahier de doléances)* zu verfassen, in der Klagen und Wünsche aufgenommen wurden. Die immer wiederkehrenden Forderungen in den etwa 60 000 erhaltenen Beschwerdeheften betreffen die Vereinfachung des Steuersystems, die Abschaffung der Privilegien, die Ausarbeitung einer Verfassung, die Festlegung von Menschenrechten sowie die Sicherstellung der täglichen Ernährung. Frauen forderten für sich das aktive und passive Wahlrecht und Adelige verlangten eine Kontrolle des Monarchen durch eine Standesvertretung. Niemand jedoch plädierte für die Abschaffung der Monarchie.

Am 5. Mai 1789 schließlich traten die Generalstände in Versailles zusammen und der Dritte Stand verlangte eine Änderung der Abstimmungsregelung: Da bisher nach Ständen abgestimmt worden war, konnten Adel und Klerus zumeist mit einer Zwei-Drittel-Mehrheit rechnen.

Die Eröffnung der von Ludwig XVI. einberufenen Generalstände in Versailles am 5. Mai 1789. Als deutlich wurde, dass Adel und Klerus den Dritten Stand von allen wichtigen Entscheidungen in den Generalständen ausschließen wollten, wurden die Forderungen nach einer Verdoppelung der Deputierten des Dritten Standes sowie nach einer Abstimmung nach Köpfen und nicht mehr nach Ständen erhoben.

Der Dritte Stand forderte nun die Abstimmung nach Köpfen, was ihm, da er zum einen die doppelte Anzahl an Abgeordneten hatte und zum anderen auf die Unterstützung des niederen Adels und Klerus zählen konnte, die eindeutige Mehrheit bringen würde. Die Versammlungen des Adels sowie des Klerus lehnten diese Forderung ab, wobei das Abstimmungsergebnis bei den Geistlichen mit 133 gegen 114 Stimmen sehr knapp ausfiel und deutlich machte, wie viele Sympathisanten der Dritte Stand in diesen Reihen hatte.

Da es in der Frage der Abstimmungsregelung zu keiner Einigung kam, entschlossen sich die Deputierten des Dritten Standes am 17. Juni 1789 zu einem ersten revolutionären Schritt. Auf Antrag des Abgeordneten Sieyès erklärten sie sich zur **Nationalversammlung** (*Assemblée National*). Dieser Akt wurde von den Mitgliedern mit dem Verweis auf die Volkssouveränität legitimiert, denn die Abgeordneten des Dritten Standes würden mindestens 96% der französischen Nation repräsentieren. Die beiden übrigen Stände wurden zum Beitritt eingeladen. Der Klerus stimmte mit knapper Mehrheit zu, die Adelsversammlung weigerte sich jedoch die Nationalversammlung anzuerkennen.

Ludwig XVI., dessen Alleinvertretungsanspruch durch die Nationalversammlung infrage gestellt war, wollte weitere Beratungen der revolutionären Abgeordneten verhindern und ließ deren Versammlungsraum einfach abschließen. Doch diese hatten den festen Willen zur Reform und versammelten sich am 20. Juni in der Sporthalle von Versailles, dem Ballhaus. In einer Atmosphäre größter Begeisterung leisteten dort die Mitglieder der Versammlung den so genannten **Ballhausschwur**, „einen feierlichen Eid, sich niemals zu trennen und sich überall, wo die Umstände es gebieten, zu versammeln, so lange bis die Verfassung des Königreiches ausgearbeitet ist und auf festen Grundlagen ruht“[11]

Mit dem Ballhausschwur hatten sich die Generalstände, die ursprünglich zur Lösung des Finanzproblems zusammengetreten waren, zur verfassungsgebenden Nationalversammlung (*Constituante*) gewandelt, in der nicht mehr Ständeprivilegien, sondern das Mehrheitsrecht galt.

11 Zit. nach: Markov, W.: Revolution im Zeugenstand, Bd. II, S. 71

Durch diesen Akt übernahm die Nationalversammlung, das Prinzip der Volkssouveränität verwirklichend, die gesamte legislative Gewalt. Dies war eine Revolution gegen König und Privilegierte.

Ende Juli befahl Ludwig XVI. der Adelsversammlung der Assemblée National beizutreten, da er hoffte, sich dadurch noch Einfluss auf das verfassungsgebende Gremium zu erhalten. Letztlich aber war diese Entscheidung des Monarchen die Bankrotterklärung des Absolutismus gegenüber den ständischen Kräften.

Die städtische Revolution

Bis zu diesem Zeitpunkt waren die revolutionären Vorgänge in einem relativ geschlossenen Rahmen, nämlich dem der ehemaligen Generalstände abgelaufen, die breite Masse blieb außen vor. Jedoch war die Stimmung in Paris' Straßen schon seit Jahresanfang aufgrund der hohen Arbeitslosigkeit und der extremen Brotteuerung aufs Äußerste gespannt. Dieses großstädtische Pulverfass kam im Juli zur Explosion. Die Auslöser waren die Entlassung des reformfreudigen und beim Volk sehr beliebten Finanzministers Necker und der Aufmarsch königlicher Truppen um Paris. Schnell machte in der Hauptstadt das Gerücht die Runde, dass Ludwig XVI. die Nationalversammlung mit militärischer Gewalt auflösen wollte. Dies wollte der Dritte Stand natürlich mit allen Mitteln verhindern. Er organisierte daher am 13. Juli 1789 eine über 13 000 Mann starke Miliz, und die Bürger übernahmen die Stadtverwaltung.

Auf der Suche nach Waffen für die neue Nationalgarde wurden zunächst die verhassten Zollhäuser von Paris zerstört. Im Invalidenhaus requirierten die Aufständischen 32 000 Gewehre und zogen zu der städtischen Festung **Bastille**, die als Staatsgefängnis genutzt wurde und für viele Bürger das steingewordene Symbol absolutistischen Despotismus' war. Die Eroberung der Bastille, bei der 98 Angreifer zur Befreiung von sieben Gefangenen fielen, wurde im Volk zum Symbol der revolutionären Befreiung. Nicht nur die Ketten der Inhaftierten, sondern die der ganzen Nation waren gesprengt worden. Bereits am darauf folgenden Tag begannen die Bürger die Festung zu schleifen und deren Steine als Revolutionssouvenirs feilzubieten. Die Nachricht vom Sturm der Bastille löste im ganzen Land Jubel aus.

Der Sturm auf die Bastille am 14. Juli 1798.

Auch Ludwig XVI. musste nun aufgrund des Drucks der Masse nachgeben. Necker wurde zurückberufen, die Truppen abgezogen und der König bat die Nationalversammlung, ihm bei der Wiederherstellung der Ordnung zu helfen. Damit hatte der König offiziell die Macht und den Einfluss der Assemblée National anerkannt. Viele Adelige begaben sich daraufhin in die Emigration.

Die ländliche Revolution

Während in Paris und in anderen Städten des Landes den Unruhen Einhalt geboten werden konnte, begann die Lage auf dem Land zu eskalieren. Die Stimmung war nicht nur wegen des hohen Abgabendrucks, sondern auch wegen der Missernten des Vorjahres angespannt. Hinzu kamen die Unzufriedenheit mit der Nationalversammlung und Gerüchte über angeblich umherziehende Räuber- und Bettlerbanden sowie über eine unmittelbar bevorstehende Militäraktion vonseiten des Adels. Dies alles führte im Juli zu einer Massenpsychose bei der ländlichen Bevölkerung, die als die **Große Furcht** *(Grande Peur)* in die Geschichte der Revolution einging. Diese unbegründete Angst bedingte, dass fast im ganzen Land bewaffnete Bauern Schlösser, Landsitze und Klöster stürmten, sich der Dokumente, die ihre Abhängigkeit festlegten, bemächtigten und sie zerstörten. Aber auch Mobiliar, Kunstgegenstände, bisweilen ganze Gebäude wurden Opfer der Revoltierenden.[12]

Augustbeschlüsse

Durch die Aufstände auf dem Land geriet die Nationalversammlung unter Handlungszwang, da der ausufernden Wut der Bauern Einhalt geboten werden musste. In einer Nachtsitzung vom 4. auf den 5. August beschlossen die Abgeordneten auf Vorschlag der adeligen und bürgerlichen Großgrundbesitzer „im Rausche der Einsicht, wie ungerecht und veraltet tatsächlich ihre Vorrechte waren“[13] die **Aufhebung der Feudalrechte**. Aufschlussreich für den „Rausch der Einsicht“ ist die Stellungnahme des Adeligen Le Guen de Kerungall: „[...] Seien wir gerecht; man bringe uns die Urkunden her, die nicht bloß die Scham, sondern die Menschlichkeit selbst beleidigen. [...] Wer von uns möchte nicht

12 Eine anschauliche Darstellung der Ereignisse auf dem Land in verschiedenen Regionen im Verlauf der Revolution gibt Reichardt, Rolf E.: Das Blut der Freiheit. Französische Revolution und demokratische Kultur. Frankfurt/Main ^{2}1999, S. 17–57

13 Schulin, E.: Die Französische Revolution. München 1988, S. 70

in diesem Jahrhundert der Aufklärung einen Scheiterhaufen der Sühne errichten aus diesen infamen Pergamenten und den Feuerbrand anlegen, um sie auf dem Altar des öffentlichen Wohls zu opfern? Sie werden, meine Herren, das erregte Frankreich nicht eher zur Ruhe bringen, als bis Sie dem Volke versprochen haben, dass Sie alle Feudalrechte irgendwelcher Art in jederzeit ablösbare Geldleistungen verwandeln wollen und dass die Gesetze, die Sie schaffen wollen, bis auf die letzten Reste alles vernichten sollen, worüber es sich beklagt. Sagen Sie ihm, dass Sie die Ungerechtigkeit dieser Rechte, die in Zeiten der Unwissenheit und der Finsternis erworben worden sind, anerkennen. Dem Frieden zum Heil, beeilen Sie sich, Frankreich diese Versprechen zu geben; ein allgemeiner Schrei erhebt sich; Sie haben keinen Augenblick mehr zu verlieren; jeder Tag Aufschub verursacht neue Brände."[14]

Die Frondienste, die Leibeigenschaft und die grundherrliche Gerichtsbarkeit wurden abgeschafft, alle anderen Herrendienste konnten durch Geldzahlungen abgelöst werden. Grund und Boden mussten die Bauern von ihren Grundherren kaufen. Dabei wurden jedoch Summen verlangt, die nur von wohlhabenden Großbauern aufgebracht werden konnten. Dies bedeutete, dass die Folgen der Aufhebung des Feudalismus nicht so weit reichend waren, wie es im ersten Begeisterungssturm schien. Dennoch ging das Ende der überkommenen Herrschaftsstrukturen in das Bewusstsein vieler Zeitgenossen als grundlegende Wende der gesellschaftlichen Struktur, als wahre Revolution ein.

Der August 1789 brachte noch eine weitere revolutionäre Veränderung mit sich, die von der **Konstituante** ausging: Am 26. August wurde die Erklärung der **Menschen- und Bürgerrechte** veröffentlicht, die der späteren Verfassung vom 13. September 1791 vorangestellt wurde. Die nach dem Vorbild der nordamerikanischen Virginian Bill of Rights von 1776 formulierte Erklärung postulierte die bis in unsere Gegenwart gültigen Grundprinzipien der Französischen Revolution: die individuelle Freiheit des Einzelnen sowie die Gleichheit aller Bürger. Das häufig genannte dritte Schlagwort, die „Brüderlichkeit", ist zwar in der Menschen- und Bürgerrechtserklärung implizit enthalten, kam aber im Endeffekt weniger zum Tragen, als die oft zitierte, 1790 auch bereits gebrauchte Formel **Liberté, Égalité, Fraternité** nahe zu legen scheint. Die Menschen- und Bürgerrechte, die von fast allen europäischen Konstitutionen der kommenden zwei Jahrhunderte als Vorlage genommen wurden, waren in 17 Artikeln näher ausgeführt. Zum einen waren hier die **freiheitlichen Rechte des Individuums**, wie Meinungsfreiheit, Pressefreiheit, Rechtssicherheit, Unverletzlichkeit des Eigentums und das Recht

14 Archives parlementaires de 1787 à 1860. Première série. Paris 1867–1976, Bd. VIII, S. 345 ff.

zum Widerstand gegen Despotismus festgehalten, zum anderen waren die **Bürgerrechte**, wie Teilhabe an der Legislative, Steuergleichheit und Steuerbewilligungsrecht, die Rechenschaftspflicht der Beamten, der freie Zugang zu allen Ämtern sowie die Teilung der staatlichen Gewalten fixiert worden. Auch wenn diese Postulate vor dem Hintergrund des Ancien Régime umwälzend erscheinen mögen, so dürfen doch die Schwachpunkte, die Mängel dieser Freiheits- und Gleichheitserklärung nicht unbeachtet bleiben. Denn obwohl es im Artikel 1 heißt, dass alle Menschen von ihrer Geburt an frei und gleich an Rechten seien, so galt dies eben nicht für alle. Bis zum 28. September 1791 blieben die **Juden** von dieser Regelung ausgeschlossen. Die **Sklaven**, von denen es in den französischen Kolonien zahlreiche gab, mussten bis 1794 auf die Abschaffung ihres menschenunwürdigen Status' warten. Völlig ausgeschlossen blieben auch die **Frauen**. Ein Umstand, der die Revolutionärin Olympe de Gouges im September 1791 veranlasste, eine an die Königin adressierte „Erklärung der Rechte der Frau und Bürgerin" zu verfassen, in der die Gleichstellung der Frau gefordert wurde. Ein Unterfangen, dass jedoch in der von Männern dominierten Revolution und vor allem auch der Nationalversammlung auf Unverständnis stieß. Erst im Lauf der Zeit ergab sich eine schrittweise Besserstellung der Frauen, so zum Beispiel die Einführung der Ehescheidung im September 1792.[15]

Ludwig XVI. hatte die Erklärung der Menschen- und Bürgerrechte ebenso abgelehnt wie zuvor die Aufhebung der Feudalrechte. Gerüchte über die Vor-

Auch bei den Farbigen löste die Revolution Anspruch auf Freiheit aus. Die Gouache von P.-E. Le Sueur von 1791 stellt die Sitzung eines patriotischen Frauenclubs dar. Die Vorsitzende verliest die Beschlüsse des Nationalkonvents.

15 Vgl. S. 64

bereitung gegenrevolutionärer Maßnahmen machten die Runde. Hinzu kam die nach wie vor schlechte Versorgungslage in Paris. Der Revolutionär Marat berichtete in seiner Zeitung *L'Ami du peuple* über die Situation in der Hauptstadt: „Heute am Mittwoch dem 16. September machen sich erneut die Schrecken der Hungersnot bemerkbar; die Bäckerläden werden umdrängt, dem Volk fehlt es an Brot; inmitten des Überflusses sind wir dabei, vor Hunger zu sterben. Kann man daran zweifeln, dass wir von Verrätern umringt sind, die danach trachten, uns zugrunde zu richten? Verdanken wir etwa dieses Elend dem Wüten der Staatsfeinde, der Habsucht der monopolistischen Handelsherren, der Unerfahrenheit oder der Untreue der Beamten?"[16] Am 5. Oktober 1789 zogen dann etwa 6000–7000 Pariser Frauen nach Versailles, um vom König Brot und die Entlassung der Truppen zu fordern, auch verlangten sie, dass Ludwig mit nach Paris komme. Der König gab unter diesem Druck nach und erklärte sich am 6. Oktober bereit, ins Stadtschloss zu ziehen. Damit hatten die Frauen, denen die Gleichberechtigung verweigert wurde, einen wichtigen Schritt getan, sie hatten nämlich „das Königtum selbst überwunden" und den König der Kontrolle durch die Revolution unterstellt. Auch die bis dahin in Versailles tagende Nationalversammlung war mit in die Stadt gekommen.

Die Verfassung von 1791

Die eigentliche Aufgabe der Nationalversammlung – die Schaffung einer Verfassung für die Nation – war von der Grundsatzfrage nach der künftigen Stellung des Königs im neuen Staat geprägt. Dass er auch weiterhin die Exekutive sein sollte, darüber war man sich einig, diskutiert aber wurde die Frage nach dem Einfluss des Monarchen auf die Legislative. In Zukunft sollte der König nur noch ein suspensives Veto haben, durch das er einen Gesetzesvorschlag maximal für vier Jahre blockieren, aber nicht grundsätzlich verhindern konnte.

Während die Arbeit an der Verfassung voranschritt, erließ die Nationalversammlung eine ganze Reihe einschneidender Gesetze, die Politik und Gesellschaft des revolutionären Frankreichs veränderten. So wurde z. B. im Juni 1790 die **Zivilverfassung des Klerus** verabschiedet, die den Aufgabenbereich der Geistlichen rein auf die Seelsorge beschränkte. Ab November mussten die von der Gemeinde gewählten Priester einen Treueid auf die Verfassung leisten. Eidverweigerer, die sich mit antirevolutionären Adeligen verbündeten, wurden im Lauf der Zeit zu ernsthaften Gegnern der Revolution.

16 L'Ami du peuple, Nr. 2

Im Oktober 1790 wurde die Aufhebung der Binnenzölle, im März 1791 die Abschaffung der Zünfte beschlossen. Dies brachte dem Bürgertum Vorteile, die Belange der Arbeiter und der unteren Schicht wurden nicht berücksichtigt.

Schon sehr früh, bereits im September 1790, wurde eine **Steuerreform** in Angriff genommen. Zunächst wurde eine Grundsteuer auf alle Einkünfte aus Grund und Boden erhoben, im Januar 1791 folgte eine am Mietwert der Wohnung orientierte Einkommenssteuer und im März eine Gewerbesteuer auf alle Einnahmen aus Handel und Gewerbe. Zur Verabschiedung der eigentlichen **Verfassung** kam es am 3. September 1791. Das Prinzip der Gewaltenteilung sowie der Volkssouveränität war in der **Konstituante** verwirklicht, als Staatsform postulierte sie die **konstitutionelle Monarchie**. Die Legislative lag in den Händen der **Nationalversammlung**, die sich aus 745 Abgeordneten zusammensetzte und alle zwei Jahre gewählt wurde. Dabei war es nicht möglich, dass ein Deputierter zwei Legislaturperioden hintereinander nominiert wurde.

Die Verfassung von 1791

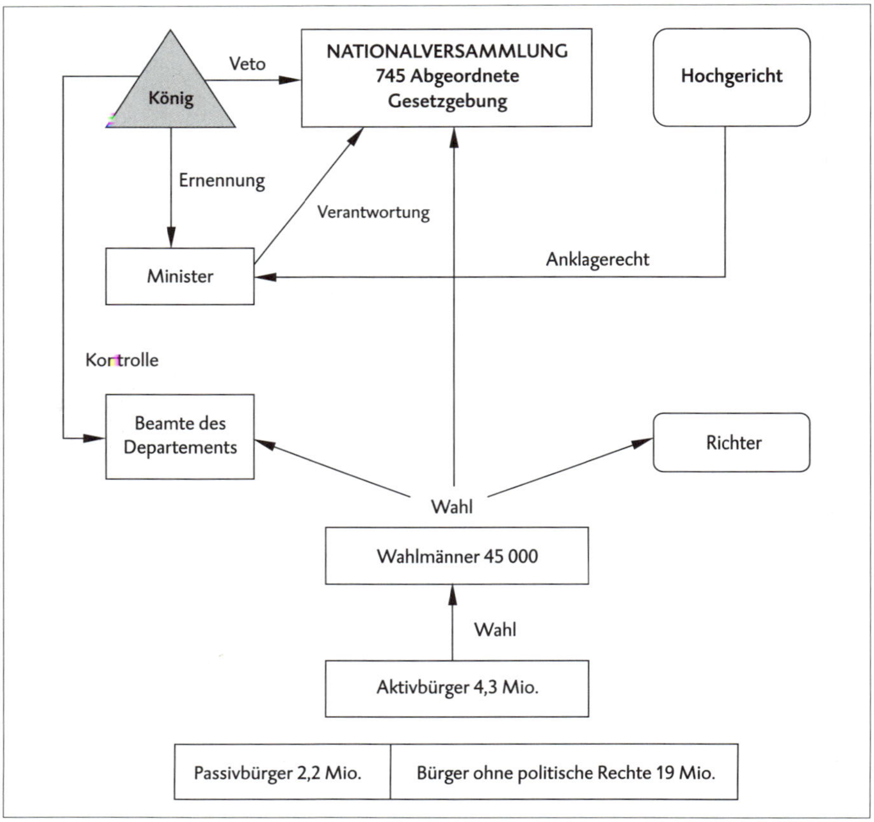

An die Stelle des allgemeinen Männerwahlrechts von 1789 war im Interesse der bürgerlichen Revolutionäre, die sich ihren politischen Einfluss sichern wollten, das **Zensuswahlrecht** getreten, das weiterhin die Frauen ausschloss. All diejenigen, die weniger als drei Tagelöhne Steuern zahlten, waren vom Recht der Wahl ausgeschlossene Passivbürger. Die für das Verfahren der **indirekten Wahl** notwendigen Wahlmänner rekrutierten sich aus der Gruppe derer, die mehr als zehn Tagelöhne Steuern aufbrachten. Das passive Wahlrecht und damit die Chance Abgeordnete zu werden, hatten nur diejenigen, die den Gegenwert von 90 Arbeitstagen an den Staat abführten. Diese Regelung führte dazu, dass von rund 25 Millionen Franzosen nur 4,3 Mio. Aktivbürger waren und sogar nur 50 000 Wahlmänner werden konnten. Hinter dieser Beschränkung des Wahlrechts stand der Gedanke, dass der Einzelne zur Ausübung politischer Rechte bestimmte Grundqualifikationen benötige, zu denen man entsprechende Erziehung, angemessenes Einkommen und freie Zeit für die Politik zählte. Von Beginn an stieß das mit knapper Mehrheit beschlossene Wahlrecht auf Angriffe und Proteste vonseiten der Ausgeschlossenen. Dem **König** kam im neuen Staat die exekutive Gewalt zu, die jedoch recht stark eingeschränkt war. So konnte er ein von der Nationalversammlung vorgelegtes Gesetz nicht verbieten, sondern dessen Inkrafttreten aufgrund seines suspensiven Vetos nur aufschieben. Die Minister seiner Regierung ernannte er selbstständig; sie waren jedoch dem Parlament verantwortlich und konnten bei Verfehlungen angeklagt werden.

Leopold II. fragt Ludwig XVI. in dieser Karikatur von 1791: „Was machst Du, Schwager?" – „Ich unterzeichne." (Anonymer Kupferstich)

Die Flucht des Königs

Ludwig XVI. stimmte – teils unter mehr oder weniger starkem Druck – all den revolutionären Veränderungen zwar zu, stand jedoch nicht wirklich dahinter. Insgeheim plante er in Zusammenarbeit mit dem emigrierten Adel die Restauration des vorrevolutionären Zustands. Diese Ambitionen blieben aber nicht unentdeckt: Am 21. Juni unternahmen der König, seine Frau Marie-Antoinette und ihre Kinder sowie einige Mitglieder des Hofstaates einen Fluchtversuch, der sie zur österreichischen Armee in den Niederlanden führen sollte. Die

Flucht scheiterte, als der König von einem Postmeister erkannt und in Varennes nahe der Grenze gestellt und anschließend nach Paris zurückgebracht wurde. Ludwig XVI., der vom Erfolg seiner Aktion überzeugt gewesen war, hatte im Vorfeld eine Proklamation verfasst, die seine wahre Einstellung zur Revolution offenbarte. Er bezeichnete die Revolutionäre als „Aufrührer", sprach ihnen die Regierungsmacht ab und kündigte die Wiederherstellung der absoluten Monarchie an.

War zu Beginn der Revolution „Vive le Roi! Vive la nation!" ein vielgehörter Schlachtruf, so ertönte nach dem missglückten Fluchtversuch des Königs nur noch „Vive la nation!". Ludwig XVI. hatte Rückhalt und Sympathie in der Bevölkerung verloren. Die **Volksgesellschaften**, politische Gruppierungen der Kleinbürger und Arbeiter, die schon zuvor für ein allgemeines Wahlrecht eingetreten waren, nahmen nun auch die Forderungen nach der Abschaffung der Monarchie in ihr politisches Programm auf. Die Nationalversammlung stellte sich gegen derartige Bestrebungen, denn das Bürgertum konnte von der Schwäche des Königtums nur profitieren und musste gleichzeitig verhindern, dass das Volk zu stark wurde. Als es am 17. Juli 1791 zu einer antimonarchischen Kundgebung der Volksgesellschaften auf dem Marsfeld kam, gab die Konstituante den Befehl zur gewaltsamen Auflösung der Versammlung, bei dessen Ausführung es angeblich bis zu 50 Tote unter den Demonstranten gegeben haben soll. Durch diesen Gewaltschlag war die republikanische Bewegung zunächst ausgeschaltet worden und einer ihrer führenden Köpfe, Danton, ging sogar kurzzeitig ins Ausland. Dieses Vorgehen der Nationalversammlung führte auch zur Spaltung des Dritten Standes, was sich in der Aufsplitterung des bedeutendsten politischen Klubs, der **Jakobiner** widerspiegelte.

Die politischen Gruppierungen

Im Zuge der politischen Diskussionen und Auseinandersetzungen entstanden seit 1789 eine Vielzahl unterschiedlicher Klubs, von denen aber nur wenige wirkliche Bedeutung erlangten. Einer der wichtigsten war die **Gesellschaft der Verfassungsfreunde**, allgemein bekannt unter dem Namen **Jakobinerklub**. Diesen Namen erhielt die Gruppe nach dem Ort ihrer Zusammenkunft in einem Dominikanerkloster, da die Dominikaner in Paris nach ihrem Hauptkloster in der Rue St. Jacques auch Jakobiner genannt wurden. Um Mitglied in diesem Klub zu werden, dem nicht nur Abgeordnete der Nationalversammlung, sondern auch noch zahlreiche andere Personen des Dritten Standes angehörten –

1790 bereits 1 000, 1791 vor der Spaltung rund 2 400 – musste ein hoher Beitrag gezahlt werden, was de facto den Ausschluss der Ärmeren bedeutete. Die Jakobiner waren im Prinzip zu keiner Zeit eine homogene politische Gruppe, denn in ihr vereinigten sich sowohl die gemäßigten Anhänger der konstitutionellen Monarchie als auch Verfechter republikanischer Tendenzen. Dies war eine Allianz, die im Sommer 1791 scheiterte und zur Spaltung des Klubs führte.

Die Befürworter des gemäßigten Kurses fanden sich nach der Ausschaltung der Adelsfraktion plötzlich auf der rechten Seite des politischen Spektrums wieder und wurden nach ihrem Versammlungsort, dem einstigen Kloster der Feuillantiner, **Feuillants** genannt. Die radikalere, republikanisch orientierte, aber auch weitaus kleinere Fraktion – rund 600 Mitglieder – behielten ihre alte Bezeichnung Jakobiner bei. Der Klub wandelte sich im Lauf der Revolution auch aufgrund seiner veränderten Mitgliederstruktur und wurde immer mehr zur Interessenvertretung des mittleren und niederen Bürgertums. Die Befürworter der jakobinischen Richtung wurden im Konvent, da sie in den oberen Reihen ihren Platz hatten, auch als **Bergpartei (Montagne)** bezeichnet. Die wichtigste Gruppe aufseiten der politisch rechtlosen Volksgruppen waren die **Cordeliers**, ein „regelrechter Kampfklub“[17], der vehement für die Rechte des einfachen Volkes eintrat.

1790 errichteten die Jakobiner in Paris den ersten Freiheitsbaum zur Erinnerung an die Revolution. Wie man den Jakobiner, „Freund und Verteidiger von Freiheit und Gleichheit“ im Ausland sah, zeigt die zeitgenössische Karikatur aus Holland.

17 Schulin, E.: Die Französische Revolution, S. 90

Als im Oktober 1791 die neu gewählte Gesetzgebende Versammlung erstmals zusammentrat, war das für alle 745 Abgeordneten ihr parlamentarisches Debüt, da kein Mitglied der *Constituante* der *Assemblée National Législative* angehören durfte. Bei der Wahl, an der nur zehn Prozent aller Stimmberechtigten teilnahmen, kamen die **Feuillants**, die Verfassungsanhänger, die für die eingeschränkte Monarchie und die Vormachtstellung der Bürger eintraten, auf 345 Sitze, die **Unabhängigen (Indépendants)**, d. h. die sich politisch nicht festlegten, auf 264 und die demokratisch gesinnten Jakobiner, auch **Girondisten**[18] oder **Brissotins**[19] genannt, auf 136 Mandate. Der Adel gehörte dem Parlament nicht mehr an und viele der Aristokraten hatten schon in den letzten beiden Jahren das Land verlassen, um vom benachbarten Ausland aus – Koblenz war eine Hochburg der französischen Emigration geworden – den bewaffneten Widerstand gegen die Revolution zu organisieren.

Krieg und Außenpolitik (1789–1792)

Die Französische Revolution blieb kein auf Frankreich begrenztes Ereignis, sondern zog ihre Kreise über die Grenzen hinaus. Zum einen gab es in ganz Europa viele Sympathisanten, die den Geschehnissen in Frankreich positiv gegenüberstanden und auch für ihre eigenen Länder ähnliche Veränderungen und Reformen forderten, zum anderen existierte eine Front der Revolutionsgegner. Jedoch gerade die Monarchien im restlichen Europa sahen zu Beginn noch gar keinen „ideologischen Systemgegensatz“ und erst recht nicht die Gefahr oder gar die Notwendigkeit zu einem bewaffneten Konflikt zwischen alter und neuer politischer Ordnung.

Angst vor einem Umgreifen der Revolution gab es kaum, vielmehr sahen einige der europäischen Großmächte – allen voran **England** – die revolutionären Ereignisse durchaus positiv. Wurde doch Frankreich durch die innenpolitischen Veränderungen in seinen außenpolitischen Ambitionen gezügelt, wodurch die Möglichkeit einer Hegemonie der Franzosen deutlich eingeschränkt war. Das **Gleichgewicht der Großmächte** konnte so stabil bleiben.

Die französischen **Emigranten** waren zwar bemüht, die Monarchen davon zu überzeugen, dass jene auch aus Eigeninteresse gegen die Revolution vorgehen müssten, stießen jedoch in den meisten Ländern zunächst auf taube Ohren, was letztlich auch daran lag, dass aufgeklärte Fürsten wie Joseph II. Reformen und Veränderungen positiv gegenüberstanden. Andererseits waren

18 Viele der wichtigen Protagonisten stammten aus dem Departement Gironde.
19 Der Wortführer der Gruppe war Jacques Pierre Brissot.

die Interessenkonflikte zwischen den einzelnen europäischen Mächten, insbesondere zwischen Preußen und Österreich sowie zwischen Großbritannien und Russland recht groß, sodass man nur mühsam zu einer gemeinsamen Linie finden konnte, und schließlich war das Thema Frankreich vorerst noch nicht akut.

Die Revolutionäre selbst taten zunächst nichts, um die Revolution zu exportieren, vielmehr erklärte die Nationalversammlung im Mai 1790 ganz im Sinne des pazifistischen Aufklärungsgedankens den **Verzicht auf künftige Eroberungskriege** und jegliche Einmischungen gegenüber anderen Ländern. Dass es zwei Jahre später trotzdem zum Krieg kam, hatte unterschiedliche Ursachen, da innenpolitisches Kalkül, außenpolitische Interessen sowie politische Fehleinschätzungen eine Situation herbeiführten, die letztlich den Krieg unvermeidlich erscheinen ließ.

Ein Teil der Revolutionäre, insbesondere die Girondisten, sahen im Krieg die Möglichkeit, von der **innenpolitischen Krise** – bedingt durch Inflation und die dadurch in die Höhe getriebenen Getreidepreise – abzulenken und sie sogar zu beseitigen. Die Anhänger der Gegenrevolution und der König hofften, dass durch einen militärischen Konflikt und den Einmarsch österreichischer Truppen die **Revolution zusammenbrechen** und die Monarchie wieder völlig hergestellt werden könnte. Selbst die gemäßigten Revolutionäre glaubten, durch einen schnell erzielten Sieg die Macht der Exekutive zu festigen und den Einfluss der Radikalen eindämmen zu können.

Nach dem gescheiterten **Fluchtversuch Ludwigs XVI.** im Sommer 1791 versuchten aber auch die ausländischen Mächte, allen voran Kaiser Leopold II., verstärkt zu intervenieren. Im August erließen der Kaiser und der König von Preußen auf Drängen der Emigranten die **Pillnitzer Erklärung**, in der sie die Nationalversammlung für das Wohlergehen und die Unversehrtheit Ludwigs XVI. und seiner Familie haftbar machten und andernfalls mit militärischer Intervention drohten. Dies führte zu verschärften Spannungen zwischen Frankreich und Österreich.

In Frankreich waren es die Girondisten, die sich zu Beginn des Jahres 1792 in einer groß angelegten Kampagne für einen Präventivschlag gegen Österreich stark machten, um in einem „Kreuzzug für die Freiheit der Welt" (Brissot) jegliche vom Ausland unterstützte Gegenrevolution auszuschalten und den Gegnern im Inneren jede Hoffnung auf künftige Hilfe von außen zu nehmen. Sowohl in der Öffentlichkeit als auch in der Nationalversammlung gewann diese Argumentation, trotz gewichtiger Gegenstimmen aus dem konservativen und aus dem radikalen Lager (z. B. Robespierre), immer mehr Anhänger. Auch der König selbst hatte Interesse an einem **Krieg mit Österreich**, denn im Fall des Sieges der Österreicher konnte er auf die Wiederherstellung der alten Verhältnisse und seiner Macht hoffen. Letztlich war die Mehrheit der Legislative für den Krieg und so erfolgte am 20. April 1792 die Kriegserklärung Frankreichs an Österreich.

Zu Beginn ließ sich diese Auseinandersetzung für Frankreich äußerst ungünstig an, was letztlich auch daran lag, dass sich die französische Armee in einem maroden Zustand befand. Über die Hälfte der adeligen Offiziere war emigriert und die Truppen selbst waren schlecht organisiert. Das erste Aufeinandertreffen mit der österreichischen Berufsarmee am 28. April in Belgien wurde zu einem **Fiasko für Frankreich**. Bis September 1792 hatten die **Österreicher**, an deren Seite seit dem 6. Juli auch **Preußen** stand, die Oberhand und konnten immer weiter auf französisches Gebiet vorrücken. Im Juli, nach dem preußischen Einmarsch in Frankreich, verlangte der kommandierende Oberbefehlshaber der Verbündeten, der Herzog von Braunschweig, die sofortige Unterwerfung des französischen Volkes unter den König Ludwig XVI. Bei Nichtbefolgung drohte er, an Paris ein militärisches Exempel zu statuieren. Die Gesetzgebende Versammlung rief daraufhin den **Ausnahmezustand** aus, alle Behörden tagten von nun an permanent, sämtliche Nationalgardisten wurden eingezogen und Freiwilligenverbände wurden neu formiert.

Im August musste sich die Stadt Longwy den Alliierten ergeben, am 2. September folgte Verdun. Seit dem Kriegseintritt Preußens hatten sich zahlreiche Freiwillige aus allen Teilen Frankreichs zu den Waffen gemeldet – am bekanntesten ist das Freiwilligenbataillon aus Marseille, das mit einem von dem Straßburger Rouget de l'Isle komponiertem Lied auf den Lippen, der „Marseillaise", in die Hauptstadt einzog. Auch konnte die Armee durch die im August abgeschlossene Mobilmachung deutlich gestärkt werden.

Das Lied der Marseiller Freiwilligen, erstmals am 30. Juli 1792 bei ihrem Einzug nach Paris gesungen, wurde 1795 zur Nationalhymne erklärt. Die erste Strophe lautet in der deutschen Nachdichtung eines unbekannten Dichters: „Er naht, um selbst in eurem Arm, den Sohn, die Gattin euch zu morden! Brecht, Bürger, auf! Stellt euch in Glied und Reih'! Zum Kampf und kämpft! Den Boden dünge das Blut der Tyrannei!"

Der 20. September 1792 brachte dann die **Kriegswende**. Die französischen Truppen hielten überraschend der preußischen **Kanonade von Valmy** stand, die geschwächten Preußen zogen sich zurück und die Revolutionsarmee setzte ihnen nach. Im Oktober nahmen die Franzosen Worms, Mainz und Frankfurt ein. Im Süden wurden Nizza und Savoyen und im November Belgien „befreit".

Der kriegerische Erfolg des neuen Frankreichs stärkte letztlich die Position der Revolution sowohl außen- als auch innenpolitisch, da die neue Regierung bewiesen hatte, dass sie sich auch gegen eine Koalition der etablierten Mächte Europas durchsetzen konnte. Gerade der Sieg über eine Allianz von Monarchien stärkte das Selbstbewusstsein der Revolutionäre und schien vielen von ihnen auch ein Zeichen dafür zu sein, dass sich die alte Regierungsform überlebt hatte und Frankreich auf dem richtigen Weg war.

Das Ende der Monarchie und die erste Republik

Die Zweite Revolution

Die militärischen Niederlagen Frankreichs zu Beginn des Krieges wurden in erster Linie Ludwig XVI., der im Geheimen mit den Gegnern paktierte, zur Last gelegt. Insbesondere die Kleinbürger, die Sansculotten, die in den Pariser Sektionen tonangebend waren, befürchteten – wie sich zeigen sollte zu Recht – massive gegenrevolutionäre Machenschaften des Monarchen. Im Sommer 1792 setzten sie daher die königliche Stadtverwaltung ab und bildeten eine „Kommune des Aufstands", die im August die **Zweite Revolution** anführte. Bereits im Juli hatten die Pariser Unterstützung aus den königsfeindlichen Provinzen Ost- und Südfrankreichs erhalten, z. B. von den Föderierten aus Marseille, deren Bataillone am 30. Juli 1792 in die Hauptstadt einmarschierten.

Am 10. August 1792 erstürmten die Sansculotten mit Truppen der Nationalgarde und der Föderierten die Tuilerien, das königliche Stadtschloss, und töteten dabei 600 Gardisten des Königs. Ludwig XVI. floh mit seiner Familie in die Obhut der Legislative, die ihn zwar vor dem Volkszorn schützte, aber zugleich unter dem Druck der Massen von seinem Amt suspendierte und gefangen nahm: „Die Nationalversammlung in Erwägung, dass die dem Vaterland drohenden Gefahren ihre höchste Stufe erreicht haben; dass die heiligste Pflicht der Getsetzgebenden Versammlung darin besteht, alle Mittel zu seiner Rettung einzusetzen; dass es unmöglich ist, wirksame Mittel zu finden, solange man nicht darauf sinnt, die Quelle seiner Übel zu verstopfen; in Erwägung, dass seine Übel hauptsächlich aus dem Misstrauen herrühren, welches das Ver-

Die siegreichen Revolutionäre stürmen mit ihren erbeuteten Schätzen in die Nationalversammlung und protestieren dagegen, dass der Monarch dort Asyl gefunden hat. Die Mitglieder der königlichen Familie befinden sich in einem Verschlag hinter dem Präsidenten, der sonst dem Protokollschreiber vorbehalten ist.

halten des Hauptes der Exekutivgewalt während des Krieges, der in seinem Namen wider die Verfassung und die nationale Unabhängigkeit vom Zaune gebrochen wurde, hervorgerufen hat; dass dieses Misstrauen in verschiedenen Teilen des Reiches Wünsche geweckt hat, die auf den Widerruf der Ludwig XVI. übertragenen Amtsgewalt hinzielten; [...] dekretiert wie folgt:

„*Artikel 1.* Das französische Volk wird aufgefordert, einen Nationalkonvent zu bilden. Morgen wird der Sonderausschuss einen Entwurf über Modus und Zeitpunkt der Einberufung dieses Konvents vorlegen.

Artikel 2. Das Haupt der Exekutivgewalt ist vorläufig von seinen Amtsgeschäften suspendiert, bis der Nationalkonvent über die Maßnahmen befunden hat, die er zur Sicherung der Souveränität des Volkes und der Herrschaft der Freiheit und Gleichheit ergreifen zu müssen glaubt.“[20]

Damit war der Versuch der konstitutionellen Monarchie gescheitert und die Verfassung von 1791 Makulatur. Die demokratische Bewegung des Kleinbürgertums hatte über die Revolutionäre von 1789 gesiegt. Die Regierung Frankreichs wurde in die Hände eines **provisorischen Exekutivrats** mit Danton als Justizminister gelegt. Des Weiteren wurde beschlossen, einen neuen Nationalkonvent zu wählen, der eine Verfassung erarbeiten sollte. Wahlberechtigt waren diesmal alle Franzosen, die das 21. Lebensjahr vollendet hatten, die Unterscheidung in Aktiv- und Passivbürger war aufgehoben. Dennoch nahmen nur sechs Prozent aller Bürger ihr Wahlrecht wahr.

Am 20. September 1792 trat der neu gewählte Nationalkonvent zusammen, erklärte das Königtum für abgeschafft und proklamierte die **Republik**. Der Konvent übernahm die Exekutivgewalt und die Aufgabe, eine republikanische Verfassung zu entwerfen. Die Gründung der Republik war aber überschattet von der willkürlichen Verfolgung der Anhänger der konstitutionellen Monarchie, die vom 2. bis 6. September ihren blutigen Höhepunkt fand. Aus Angst vor gegenrevolutionären Aktionen waren unorganisierte Gruppen von Sansculotten in die städtischen Gefängnisse eingedrungen und hatten in einer Angst- und Hasspsychose wahllos 1100–1500 Gefangene niedergemetzelt. Drei Viertel der Getöteten saßen jedoch gar nicht wegen politischer Verbrechen, sondern wegen anderer Vergehen ein. Die provisorische Regierung hatte nichts unternommen, um dem menschen- und rechtsverachtenden Vorgehen Einhalt zu gebieten. Vielmehr war diese Volksjustiz von Danton, aber auch von Robespierre und Marat angeregt. Die von den Kleinbürgern begangenen **Septembermorde** blieben nicht auf die Hauptstadt beschränkt, sondern fanden auch in den Provinzen blutige Nachahmung.

20 Dekret der Nationalversammlung über die einstweilige Amtsenthebung der Exekutivgewalt (10. 8. 1792); Archives Parlementaires de 1787 à 1860. Première série. Paris 1867–1976, Bd. XLVI, S. 645 f.

Danton, Marat und Robespierre

Mit dem Ende des Königtums und der Errichtung der Republik gewannen drei revolutionäre Persönlichkeiten entscheidenden Einfluss: Danton, Marat und Robespierre.

Der Anwalt Georges Jacques **Danton** hatte auf dem Weg über die Volksgesellschaften, die Cordeliers, seine politische Karriere gemacht. „Er [...] führte ein unordentliches, ausschweifendes Leben, [...] sah furchtbar aus und hatte eine gewaltige Stimme, wirkte aber brutaler und grausamer als er eigentlich war. Er war der große kurzfristige Volksheld für kritische Tage [...] er war der Patriot [...]. Wenn eine Krise nicht vorhanden war, Kühnheit nicht gefragt war, sondern nur zähe kleine, sachliche Politik, wirkte Danton apathisch.“[21]

Der Journalist Jean Paul **Marat**, der die revolutionäre Ein-Mann-Zeitung „*Ami du Peuple*“ herausgab, war das völlige Gegenteil von Danton. Als aggressiver Verfechter der radikalen Revolution scheute er sich nicht, zur Erreichung der revolutionären Ziele über Leichen zu gehen und dies auch immer wieder öffentlich zu fordern. Marat, von ständiger Migräne geplagt und deshalb oft mit einem Turban um den Kopf, ein hagerer, übernervöser Mensch mit deutlichen Symptomen von Verfolgungswahn, war ein Gerechtigkeitsfanatiker, den jedes Unrecht grausam werden ließ. Er bezweifelte die Fähigkeit des Volkes, mit Politik umgehen zu können. Für ihn war der beste Staat der, der nicht vom Proletariat, sondern von einem starken, aufrechten Mann mit umfassenden Vollmachten geleitet werde. Wie kein anderer der Revolutionäre trat Marat für eine Diktatur ein.

Der beliebteste der drei führenden Revolutionäre war der 1758 in Arras geborene Maximilien Marie Isidor **Robespierre**, ein Advokat, der im Jakobinerklub, dessen Präsident er 1790 war, langsam aber zielstrebig zu einer wichtigen Persönlichkeit aufstieg. Robespierre, dessen großes Vorbild Rousseau war,

Georges Jacques Danton (1759–1794), Jean Paul Marat (1744–1793) und Maximilien Robespierre (1758–1794).

21 Schulin, E.: Die Französische Revolution, S. 191 f.

war ein asketischer, ernsthafter, aber auch undurchsichtiger Mensch, der auf korrektes Äußeres, speziell auch bei seiner Kleidung, „die ihn als kleinen Rentner des Ancien Régime erscheinen ließ“[22], großen Wert legte. Dieser Mann, der viele Rudimente des Vergangenen zu verkörpern schien, selbstgerecht und immens ehrgeizig war, wurde zum Fürsprecher des Volkes, das er nicht als unmündige Masse wie Marat ansah, sondern als tugendhaftes, mündiges, vernünftiges und somit zum politischen Handeln befähigtes Element der Tagespolitik. Robespierre schrieb dem Volk als natürliche Eigenschaft die Tugend zu und schlussfolgerte, dass daher eine weise Regierung nur auf dem Volk beruhen könne. Die Tugend aber müsse erst gegen das Böse erkämpft werden, und so lange es keinen Frieden – nach innen und nach außen – gebe, sei Zwang in der Form des Schreckens vonnöten. Die Macht der Tugend lag für Robespierre im Schrecken. In dieser Einstellung finden sich auch die Gründe für Robespierres spätere Grausamkeit.

Der Prozess gegen den König

Die Wahlen zum Nationalkonvent hatten den rechten **Girondisten**, da die Feuillants nicht mehr vertreten waren, gut doppelt so viele Sitze wie den radikalen Linken, den **Montagnards** (Bergpartei), gebracht. Die große Mehrheit in der Versammlung bildete jedoch die Gruppe der Unentschlossenen, der Mitte, die abwertend auch als „**Sumpf**“ (*Marais*) bezeichnet wurden. Obwohl die radikalen Jakobiner die kleinste Fraktion stellten, gelang es ihnen doch, einen Hochverratsprozess gegen den König durchzusetzen. Feder- und wortführend waren hierbei Robespierre, Danton und Marat.

Die Anklage des im Dezember 1792 und Januar 1793 vom Nationalkonvent gegen den abgesetzten König geführten Prozesses lautete auf „Verschwörung gegen die öffentliche Freiheit“ und „Anschläge gegen die nationale Sicherheit“, und stützte sich beim Beweismaterial vor allem auf geheime Korrespondenzen Ludwigs XVI. mit den Gegnern der Revolution und ausländischen Monarchen, welche man im November 1792 in einem versteckten Wandsafe in den Tuilerien gefunden hatte. Während die gemäßigten Girondisten sowohl aus politischen als auch juristischen und menschlichen Bedenken nicht wollten, dass der König als Hoch- und Landesverräter zur Höchststrafe, dem Tod, verurteilt werde, war der Kurs der Bergpartei von Beginn an auf dieses Ziel ausgerichtet. Antoine Saint-Just forderte bereits vor der Auffindung der wichtigsten

22 Schulin, E.: Die Französische Revolution, S. 194

Beweisstücke gegen den König in einer fanatischen Rede vor dem Konvent den Tod des Monarchen – auch ohne rechtmäßiges Gerichtsverfahren: „Mit welchem Recht beruft er [Ludwig XVI.] sich, um den Gesetzen gemäß abgeurteilt zu werden, auf die Verpflichtung, die wir ihm gegenüber eingegangen sind, wo es doch klar ist, dass er die einzige, die er uns gegenüber übernommen hat, die Verpflichtung nämlich, uns zu beschützen, verletzt hat? Den Anspruch zu erheben, nach Gesetzen, die er mit Füßen getreten hat, gerichtet zu werden? Das wäre mir aber ein letzter Akt der Tyrannei! [...] Was mich betrifft, so sehe ich keinen Mittelweg. Dieser Mensch muss herrschen oder den Tod erleiden. [...] Das Königtum ist eines jener Verbrechen, das sogar mit der Verblendung eines ganzen Volkes nicht gerechtfertigt werden könnte. Ein solches Volk ist eines Verbrechens wider die Natur schuldig des Beispiels wegen, das es gegeben hat, denn alle Menschen erhalten von der Natur den geheimen Auftrag, in jedem Land die Herrschergewalt auszutilgen. Man kann nicht König sein, ohne Schuld auf sich zu laden; die Torheit einer gegenteiligen Annahme ist zu offenkundig."[23] Die Girondisten, die solchen Argumentationen nicht folgen wollten, wurden aus dem Jakobinerklub ausgeschlossen und von radikaler Seite bedroht, was dazu führte, dass sie sich nur noch bewaffnet in die Öffentlichkeit trauten.

Der Prozess gegen das ehemalige Staatsoberhaupt wurde vom Konvent selbst geführt, wodurch die Gewaltenteilung, eine der Errungenschaften von 1789, auf das massivste verletzt, ja eigentlich aufgehoben war. Robespierre rechtfertigt dies am 3. Dezember: „[...] ihr seid keine Richter. Ihr seid nur Staatsmänner und Vertreter der Nation [...]. Ihr habt kein Gerichtsurteil [...] zu fällen, sondern eine Maßnahme des Staatswohls zu treffen, einen Akt nationaler Vorsehung zu vollziehen."[24] Eine Sichtweise, der sich nicht alle Abgeordneten anschließen konnten. Es kam bei der Frage um die Legitimität des Prozesses zu hitzigen Diskussionen, zu Streit und sogar zu Rücktritten von Konventsmitgliedern. Der Abgeordnete Manuel postulierte: „Wir sind Gesetzgeber, keine Richter, der Konvent kein Gerichtshof.". Weitaus plakativer äußerte sich das Konventsmitglied Soulignac: „Der Großtürke ist ein Despot, weil er gleichzeitig Gesetzgeber und Richter ist. Von mir kann man das nicht erwarten."[25]; konsequenterweise erklärte der Abgeordnete seine Demission.

Am 15. Januar 1793 stimmte der Nationalkonvent nach Beweisführung und Plädoyers über die Schuldfrage ab: 673 von 718 Abgeordneten sahen die Schuld des Königs als erwiesen. Am darauf folgenden Tag wurde in einer namentlichen Abstimmung über das Strafmaß entschieden. Für die sofort zu vollziehende

23 Zit. nach: Saint-Just. Discours et rapports. Hrsg. v. A. Soboul. Paris ^{2}1972, S. 62–69
24 Zit. nach: Fischer, P. (Hrsg.): Reden der Französischen Revolution. München 1974, S. 250 ff.
25 Zit. nach: Castelot, A.: Die Französische Revolution, S. 125

Hinrichtung des ehemaligen Königs sprachen sich 361 Konventsmitglieder aus, 26 plädierten für einen Aufschub und 334 waren ganz gegen die Todesstrafe, sodass das Ergebnis letztlich 361:360 gegen den König und für die sofortige Exekution stand.

Am 21. Januar 1793 wurde Ludwig XVI. auf dem Place de la Concorde durch die Guillotine enthauptet. Der Monarch, der sich oft schwach gezeigt und politisch häufig ungeschickt, ja unvernünftig gehandelt hatte, bewies in seinen letzten Minuten erstaunliche Haltung und Würde, wie der deutsche Journalist Oelsner den Zeitgenossen berichtete: „Dem Schafott sich nähernd, hat er gesagt, man habe ihm wohl eine irdische Krone rauben können, dass er aber einer höheren und besseren entgegengehe. [...] Als sich Ludwig auf dem Schafotte sah, betrachtete er die Maschine, trat zwei Schritte vorwärts bei ihr vorbei, in der Absicht, wie man aus der Bewegung seines Kopfes sah, zu sprechen. Sogleich verstummte die Musik. Man hatte ihn darauf mit starker Stimme äußern gehört, dass er unschuldig und mit der Überzeugung sterbe, nicht das französische Volk wolle seinen Tod, sondern seine persönlichen Feinde. Er verzeihe ihnen.“[26] Nachdem das Messer gefallen und das abgetrennte Haupt der versammelten Masse gezeigt worden war, brach diese in Jubelrufe aus: „Es lebe die Nation, es lebe die Republik!“ Fast tausend Jahre französisches Königtum hatten so ein brutales Ende gefunden.

Während die Königin Marie-Anoinette 1793 ebenfalls unter dem Fallbeil ihr Leben verlor, ist das Schicksal des achtjährigen Thronfolgers, des Dauphins, der zusammen mit seiner Mutter inhaftiert war, bis heute nicht ganz geklärt.

Aufgrund des Dekrets vom Nationalkonvent vom 1. Juli 1793 wurde der Dauphin von seiner Mutter getrennt. Der Sohn Ludwigs XVI. trug nach der öffentlichen Hinrichtung seines Vaters am 21. Januar 1793 offiziell den Namen Ludwig XVII.

26 Oelsner, K. E.: Luzifer oder Gereinigte Beiträge zur Geschichte der Französischen Revolution. Auswahl. Leipzig 1987, S. 268 f.

Sicher ist nur, dass der Sohn Ludwigs XVI., von den Revolutionären als „Wolfsbrut“ angesehen, unter miserablen Bedingungen in Haft gehalten wurde. Als am 8. Juni 1795 ein Junge im Temple stirbt, wird offiziell der Tod des jungen Capet verkündet. Zahlreiche Indizien deuten aber darauf hin, dass es sich dabei nicht um den echten Ludwig XVII. handelt. Hatte man den jungen Capet schon viel früher befreit oder war er beiseite geschafft worden oder an Schwäche gestorben? Hatten die Revolutionäre versucht, dies zu vertuschen und an seiner Stelle einen anderen Knaben in den Kerker gesteckt? Das wahre Schicksal des Dauphin bleibt ein Geheimnis.[27]

Die antifranzösische Koalition

Seit der Kanonade von Valmy war das Kriegsglück aufseiten der jungen Republik. Preußen war aus dem Krieg ausgeschieden, und die Nationalgarde war auf dem Vormarsch. Nizza und Savoyen wurden ebenso erobert wie im Oktober 1792 Trier, Speyer, Worms und Mainz. Im November wurden die Österreicher in Belgien (bei Jemappes) geschlagen. Der Konvent hatte Anweisung gegeben, dass in den „befreiten“ Gebieten die Volkssouveränität verkündet, alle Standesprivilegien abgeschafft und provisorische Volksregierungen eingesetzt werden sollten. Die französischen Truppen sollten der Bevölkerung Schutz vor den Fürsten gewähren, was faktisch nichts anderes bedeutete, als dass die Nationalgarde als Besatzungsmacht agierte. Falls eines der Völker weiterhin ihrem Fürsten die Treue halten würde, dann sollte es als Feind betrachtet werden.

Die längerfristigen expansionistischen Ziele des revolutionären Frankreichs machte Danton klar, als er erklärte, dass die natürlichen Grenzen Frankreichs das Meer, der Rhein und die Alpen seien. Das Ausland reagierte mit einer antifranzösischen Allianz, deren Führung England, das sich seit der französischen Eroberung Belgiens bedroht sah, übernahm. Die antifranzösische Haltung der englischen Regierung unter William Pitt (dem Jüngeren) basierte einerseits auf dem traditionellen Bestreben der Briten, das europäische Mächtegleichgewicht zu erhalten, und andererseits auf dem Bemühen, ein Übergreifen der revolutionären Ideologie auf das eigene Land zu verhindern.[28] Die Hinrichtung Ludwigs XVI. bot England den geeigneten Anlass, die diplomatischen Beziehungen abzubrechen. Die Kriegserklärung jedoch kam – wie schon 1792 so

27 Eine sehr gute Darstellung hierzu gibt Castelot, A.: Die Französische Revolution, S. 263–275

28 In der konstitutionellen Monarchie England gab es eine demokratische Opposition unter der Führung von Charles James Fox und eine Anzahl von aufklärerischen Anhängern der Volkssouveränität (z. B. Thomas Paine, William Godwin, Mary Wollstonecraft)

auch dieses Mal – von Frankreich, das am 1. Februar 1793 England und den Niederlanden und am 1. März Spanien den Fehdehandschuh zuwarf. Die antifranzösische Koalition wurde am 22. März durch den Beitritt der deutschen Reichsstände verstärkt, es folgten die Fürstentümer Italiens und der Kirchenstaat. Der militärische Erfolg lag nun erneut aufseiten der Gegner Frankreichs: Bereits am 30. März hatte Frankreich die linksrheinischen Gebiete mit Ausnahme von Mainz wieder verloren, und es drohte der Einmarsch alliierter Truppen in das Land.

Innenpolitische Krisen

Der Aufstand in der Vendée

Die Republik war jedoch nicht nur von außen bedroht, sondern auch im Inneren gab es zahlreiche Krisen- und damit Gefahrenherde.

Den Ausgangspunkt gegenrevolutionärer Bewegungen im Inneren bildete die Gruppe der eidverweigernden und deshalb entlassenen Priester, die bei der bäuerlichen Bevölkerung, die unter Lebensmittelteuerung und Hungersnöten litt, schnell Unterstützung fand. Daneben sorgte die Ende Februar vom Konvent beschlossene Aushebung von 300 000 Mann für die Revolutionsarmee für Konflikte, da sich nicht genügend Freiwillige meldeten. Zum allgemeinen Aufstand kam es in der Vendée, im Westen Frankreichs südlich der Loire. Wie überall hatten die Bauern hier zunächst ihre ganze Hoffnung in die Revolution gesetzt, waren aber in ihren Erwartungen immer wieder enttäuscht worden. Auch nach der Steuerreform waren ihre Abgaben nicht weniger geworden, und an die Stelle der adeligen war nun eine städtische Elite getreten, die nahezu alle Wahlämter innehatte und hauptsächlicher Grundeigentümer war.

„Schwurhandaufzug" für Priester. Der Treueid für die Priester lautete: Ich schwöre mit Sorgfalt über die Gläubigen der Pfarrgemeinde zu wachen, die mir anvertraut ist; der Nation, dem Gesetz und dem König treu zu sein und aus ganzer Kraft die Verfassung aufrechtzuerhalten, die von der Versammlung beschlossen und vom König angenommen worden ist.

Zudem erregte das Vorgehen gegen die eidverweigernden Priester den Missmut der Pachtbauern der Vendée, und so kam es, dass sie im März 1793 gegen die Auslosung von Freiwilligen für die Front revoltierten. Die Zusammenstöße mit der Nationalgarde wuchsen sich bald zu einem Bürgerkrieg aus.

Die aufständische Vendée-Armee, auch „römisch-katholische Armee" genannt, wurde, als Royalisten sich ihr anschlossen, zur „katholisch-königlichen". Der Konvent dämonisierte die Aufständischen und erklärte den Krieg gegen sie zum Entscheidungskampf der Republik gegen das Königtum. Ein Kampf, der äußerst brutal und erbarmungslos geführt wurde, galt es doch, die Vendée als Zentrum der Gegenrevolution zu vernichten. Bis Herbst 1793 beherrschte noch die Vendée-Armee – getragen vom Rückhalt in der Bevölkerung – das Gebiet, ab Dezember jedoch hatte die Nationalgarde die Oberhand. Bis Februar 1794 ließ der leitende Konventskommissar täglich zwischen 170 bis 200 Aufständische verurteilen und hinrichten. Obwohl der Aufstand niedergeschlagen war, gärte es in der Vendée auch die nächsten Jahre, selbst dann noch, als die letzten untergetauchten Führer des Aufstandes 1796 hingerichtet worden waren. Letztlich „konnte sich die Vendée mit der Republik nicht abfinden, das Trauma des Krieges hatte sie in die Hochburg eines kämpferischen Katholizismus und Royalismus verwandelt."[29]

Die Ausschaltung der Girondisten

Den radikalen Kräften, den Montagnards, bot die Bauernrevolte aber auch den willkommenen Vorwand, um gegen die Girondisten vorzugehen, denen man nun alle Schuld für die innen- und außenpolitischen Krisen in die Schuhe zu schieben suchte, und die in der Tat für bestimmte Fehlentwicklungen verantwortlich waren: Die **Assignaten**, Pfandbriefe, die seit 1789 auf die verstaatlichten Kirchengüter ausgegeben wurden und schnell als Währung in Umlauf kamen, hatten durch inflationäre Vermehrung stark an Wert verloren. Dies schlug 1793 auf den Getreidehandel zurück, da die Erzeuger kein Interesse hatten, ihr Getreide gegen das wertlose Papier einzutauschen. Die Ernte wurde zurückgehalten bzw. stark überteuert auf den Markt gebracht, worauf es schon bald erneut zu Hungersnöten kam. Da die Girondisten sich jedoch weigerten, in das System

Das Papiergeld während der Revolutionszeit: Eine Assignate über zehntausend Francs.

29 Reichardt, Rolf E.: Das Blut der Freiheit, S. 53. Ausführlich zum Aufstand der Vendée ebd., S. 49–54

des freien Handels mit lenkenden Maßnahmen von staatlicher Seite einzugreifen, verloren sie ihre Sympathien bei der breiten Masse des Volkes.

Der Bergpartei gelang es im Konvent außerordentliche Maßnahmen durchzusetzen, die sowohl die Krise eindämmen als auch die Girondisten entmachten sollten. Bei ihrem Vorgehen konnten sie sich der Unterstützung der Sansculotten sicher sein, die immer stärker in das öffentliche Leben eingriffen, da sie zum Beispiel in den von ihnen beherrschten Sektionen der Hauptstadt Überwachungskomitees und revolutionäre Bataillone bildeten.

Im April 1793 beschloss der Konvent auf Antrag der Jakobiner die Einrichtung des **Wohlfahrtsausschusses** *(Comité de Salut public)*, der mit exekutiven Machtbefugnissen ausgestattet über die Staatsverwaltung sowie die Sicherung der Revolution nach außen und innen wachen sollte. Aufgrund seiner weitreichenden Befugnisse stellte er die eigentliche Staatsführung dar. Die neun, später dann zwölf Mitglieder wurden allmonatlich neu gewählt. Bestimmend im Wohlfahrtsausschuss war bis zum Juli 1793 Danton, danach Robespierre. Des Weiteren wurden ein außerordentlicher Gerichtshof, der später zum Revolutionstribunal wurde, sowie Überwachungsausschüsse gebildet, um antirevolutionäre Bestrebungen effektiv bekämpfen zu können.

Am 2. Juni 1793 kam es dann zu einer gezielten Aktion der Jakobiner und Sansculotten gegen die Mitglieder der Gironde: 29 girondistische Abgeordnete und zwei ihrer Minister aus dem Vollzugsrat wurden verhaftet. Ein Teil konnte fliehen und begab sich in die aufständischen Departements, um von dort aus an dem Kampf gegen die Jakobiner teilzunehmen. „So kam es zur weiten Ausbreitung des schon vorher begonnenen Bürgerkrieges. Girondisten, Katholiken, Royalisten kämpften gegen die Pariser Regierung und gegen örtliche Jakobiner.

Die Schreckensherrschaft der Französischen Revolution: Im Gefängnis nehmen die zum Tode verurteilten Girondisten voneinander Abschied.

Der Rumpfkonvent wurde in dieser fast tödlichen Krise um so geschlossener und strenger republikanisch. Es ist der ‚Beginn der Jakobinerherrschaft'."[30]

Im Oktober kam es zum Prozess gegen 21 der Verhafteten sowie gegen die ehemalige Königin Marie-Antoinette. Die Girondisten, zu denen auch Brissot zählte, wurden am 31. Oktober hingerichtet, einer von ihnen soll dabei im Angesicht der Guillotine gesagt haben: „Die Revolution ist gleich Saturn, sie frisst ihre Kinder." 15 Tage zuvor war die Königin unter dem Fallbeil gestorben.

Die Verfassung von 1793

Bereits im Juni, drei Wochen nach dem Sturz der Girondisten, hatte der Konvent die neue, republikanische Verfassung verabschiedet. In ihr waren die Menschenrechte um soziale Grundrechte, wie das Recht auf Arbeit und Unterricht,

Die Verfassung von 1793

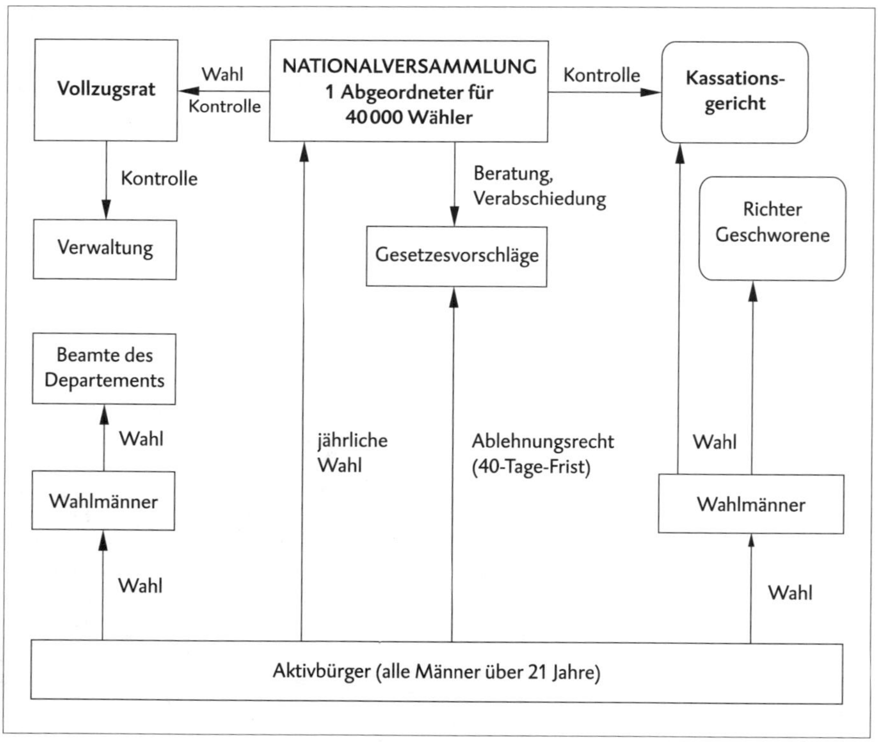

30 Schulin, E.: Die Französische Revolution, S. 208 f.

erweitert worden. Die **Sklaven** der französischen Kolonien erhielten die Freiheit; zu einer Gleichstellung der **Frau** kam es aber auch diesmal nicht. Ausschließlich Männer über 21 Jahren durften jährlich nach gleichem, indirekten Wahlrecht die Abegordneten der Nationalversammlung wählen. Über Gesetze sollte das Volk abstimmen. Überhaupt kam in der Verfassung von 1793 der **Volkssouveränität** große Bedeutung zu.

In Art. 35 der Menschen- und Bürgerrechte wurde postuliert: „Wenn die Regierung die Rechte des Volkes verletzt, ist der Aufstand des Volkes und jedes einzelnen Teiles desselben das heiligste seiner Rechte und die höchste seiner Pflichten."[31] Das heißt, dass das Volk also prinzipiell zum Widerstand gegen jede Unrechts- und Willkürherrschaft verpflichtet war. Diese Konstitution bot gute Voraussetzungen für die erste französische Republik, und obwohl im August 1,8 Millionen Franzosen – allerdings bei 4,3 Millionen Enthaltungen – der Verfassung zustimmten, trat sie nie in Kraft. Der Konvent nämlich setzte sie – auf Druck des Wohlfahrtsausschusses – bis zur Beendigung des Krieges aus und berief eine **Revolutionsregierung**.

Die provisorische Revolutionsregierung

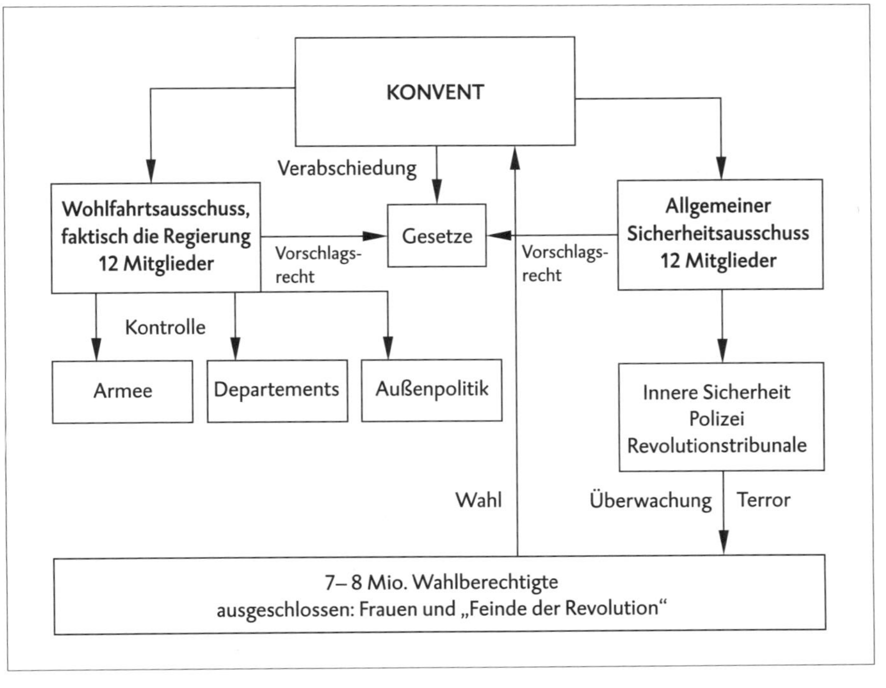

31 Pölitz, K. H. L.: Die europäischen Verfassungen. Leipzig 1834, Bd. II, S. 21–29

Der Nationalkonvent dekretierte nach Anhörung des Berichts seines Wohlfahrtsausschusses wie folgt:

„*Artikel 1.* Die Provisorische Regierung Frankreichs bleibt bis zum Friedensschluss revolutionär.

Art. 2. Der Provisorische Exekutivrat, die Minister, Generäle und verfassungsmäßigen Behörden werden der Kontrolle des Wohlfahrtsausschusses unterstellt, der dem Nationalkonvent wöchentlich Bericht erstattet.

Art. 3. Alle Sicherheitsmaßnahmen werden nach Billigung durch den Wohlfahrtsausschuss, der dem Nationalkonvent darüber Bericht erstattet, vom Provisorischen Exekutivrat getroffen.

Art. 4. Revolutionäre Gesetze sind unverzüglich durchzuführen. Die Regierung verkehrt in Betreff aller Maßnahmen des Staatswohls mit den Distrikten auf direktem Wege.

Art. 5. Die kommandierenden Generäle werden vom Nationalkonvent auf Vorschlag des Wohlfahrtsausschusses ernannt.“[32]

Damit lag die ganze staatliche Macht beim Wohlfahrtsausschuss und seinen Mitgliedern.

32 Duvergier, J. B.: Collection complète des lois décrets, ordonnances, réglements, avis du Conseil d'Etat. Paris ^{2}1834 ff., Bd. VI, S. 219 f.

Die Terrorherrschaft

Für den Beginn der Terrorherrschaft lassen sich zwei unterschiedliche Daten festlegen: Zum einen kann man den 27. Juli 1793 nennen, den Tag, an dem Robespierre die Nachfolge des nicht wiedergewählten Danton im Wohlfahrtsausschuss antrat. Andererseits bietet sich auch der 17. September an, an dem das Gesetz über die Verdächtigen vom Konvent beschlossen wurde.

Massenaushebung

Der Wohlfahrtsausschuss versuchte, durch Sondermaßnahmen der inneren und äußeren Krise möglichst schnell Herr zu werden. Im Juli wurde die *Levée en masse,* die allgemeine Volksbewaffnung angeordnet, die das ganze französische Volk zur Landesverteidigung heranzog. „Die jungen Männer werden in den Kampf ziehen, die verheirateten werden Waffen schmieden, das Heer versorgen und den Unterhalt der Nation sichern.“[33] Auch Frauen und Kinder wurden zu „kriegswichtigen“ Arbeiten verpflichtet, sodass „erstmals in der neueren Geschichte [...] eine ganze Nation bedingungslos, uneingeschränkt in den Dienst der Landesverteidigung gestellt“ [34] wurde. Dadurch konnte Frankreich fast eine Millionen Mann unter Waffen stellen, weitaus mehr als jedes andere europäische Land dieser Zeit. Des Weiteren verabschiedete der Konvent Maßnahmen für das Volk, die vor allem soziale Auswirkungen hatten, wie zum Beispiel die endgültige Abschaffung aller Feudalrechte und die Errichtung staatlicher Getreidespeicher sowie Backstuben in den einzelnen Departments.

„Verdächtige“

Um die Geschlossenheit der Nation, die für eine gemeinsame Landesverteidigung notwendig war, zu erreichen, mussten natürlich alle offenen und heimlichen Feinde im Inneren, das heißt alle Royalisten, Gegenrevolutionäre sowie Kriegsspekulanten, unschädlich gemacht werden. Das geeignete Mittel bot das vom Konvent erlassene Gesetz über die Verdächtigen (17. September 1793),

33 Zit. nach: Schulin, E.: Die Französische Revolution, S. 211
34 Schulin, E.: Die Französische Revolution, S. 211

das den Überwachungsausschüssen die Vollmacht gab, alle verdächtigen Personen zu verhaften. Dabei war die in dem Gesetz enthaltene Bestimmung, wer als verdächtig zu gelten habe, ziemlich allgemein formuliert. Im Artikel 2 heißt es: „Als Verdächtige gelten 1. alle, die sich durch ihr Verhalten, ihre Beziehungen oder ihre in Wort oder Schrift geäußerten Ansichten als Anhänger der Tyrannei, des Föderalismus und als Feinde der Freiheit erwiesen haben"[35]; gerade letztere Definition war sehr weit auslegbar und öffnete dem Denunziantentum Tür und Tor.

Sansculotten

Die Sansculotten selbst forderten die Diktatur des Terrors von der Regierung. Nach erneuten Hungerunruhen wurde am 5. September 1793 das Konventsgebäude vom Volk umstellt und die Versammelten riefen: „Gesetzgeber! Setzt den Terror auf die Tagesordnung!" Um die Massen zu befriedigen und den inneren Frieden zu sichern gab der Konvent den Forderungen nach.

Zeitgenössische Darstellung eines Sansculotten. Typisch sind die Kokarde an der Mütze, die lange Hose, eine kurze Weste und die Holzpantoffeln. Um nicht als Adeliger zu gelten, kleidete man sich bewusst nachlässig.

Neben Verfolgungsgesetzen gegen die Verdächtigen griff die Regierung auch zu dirigistischen Maßnahmen, um die Wirtschaft zu steuern. Ende September wurde das Gesetz über das **Allgemeine Maximum** erlassen. Dieses legte für alle Verbrauchsgüter einheitliche Höchstpreise sowie Höchstlöhne fest. Eine Versorgungskommission übernahm die Überwachung der Einhaltung dieser Maßnahmen. Dies war ganz im Sinne der Sansculotten, die das Prinzip der *Egalité* in allen Bereichen des Daseins verwirklicht sehen wollten. Nach ihren Vorstellungen sollte jeder so viel Eigentum haben, wie er für sich und seine Familie zum Leben brauchte. Auch in anderer Hinsicht zeigten sich die Sansculotten als recht rigoros. „Die Tugend spielte in ihren Reden eine große Rolle. Sie traten für die gesetzliche Abschaffung aller Freudenhäuser und Spielbanken ein. Andererseits störte es sie nicht, wenn Blut floss, ja sie waren diejenigen, die immer wieder dafür sorgten, dass es geschah. [...] Die Denunziation wurde mit einem Mal zur Tugend und Pflicht des

35 Duvergier, J. B.: Collection complète des lois décrets, ordonnances, réglements, avis du Conseil d'Etat. Paris ^{2}1834 ff., Bd. VI, S. 172

Staatsbürgers."[36] Diese Sansculotten waren äußerlich erkennbar an ihrer einfachen Arbeiterkleidung, der roten Freiheitsmütze und dem Zeichen der wehrhaften Bürger, der Pike; „soziokulturell eine von Nachbarschaft, abendlichen Palavern, gemeinschaftlichen Banketten und Festen der Stadtviertel geprägte plebejische Eigenkultur, eine damals überdurchschnittliche Lesefähigkeit (80–100 %) und ein scharfer Antiklerikalismus, gepaart mit einem neuen religionsartigen Kult um Revolutionsheilige. Für die Zeitgenossen verkörperten die Sansculotten das so vielbeschworene revolutionäre Volk."[37]

Alltag im Terror

Die Revolutionstribunale wurden nun vom Wohlfahrtsausschuss neu besetzt, und ab Herbst 1793 begannen die großen Schauprozesse, wobei der gegen die Girondisten und der gegen die ehemalige Königin den Auftakt bildeten. Die Schreckensherrschaft wurde nun deutlich sichtbar. Ein Augenzeuge berichtet über Paris: „Welche Veränderung! Früher und selbst noch in der Zeit, als ich Paris verließ, war dies die Stunde, da die Stadt, vor allem in den belebten Vierteln, im Licht erstrahlte. [...] Es war die Stunde, da die Cafés erleuchtet waren, da aus allen Stockwerken der Glanz der Kerzen schimmerte, da die prächtigsten Wagen sich eilig kreuzten, um zu den verschiedenen Theatern zu fahren, zu den Konzerten und Bällen in allen Vierteln der Stadt.

Und anstelle dieses bunten Treibens, dieser angeregten Menge, dieses imposanten Glanzes herrscht nun in allen Straßen von Paris Grabesschweigen; alle Läden sind geschlossen, jeder verbarrikadiert sich eiligst in seinem Hause, und man möchte meinen, ein Trauerflor sei über alles, was atmet, gebreitet. [...] Als ich an seine Tür klopfte, war es beinahe neun Uhr. Zu anderen Zeiten wäre diese Stunde nicht ungehörig gewesen, aber jetzt verursachte mein Klopfen und die Stunde, in der ich mich einfand, bei allen Hausbewohnern einen tödlichen Schrecken. Die Häuser wurden hauptsächlich in der Nacht visitiert und dabei unterschiedslos unzählige Bürger verhaftet, die die Gefängnisse füllten; jeder schauderte beim Geräusch des Klopfens [...] Ich machte mich auf den Weg; das helle Tageslicht und die Menschen, die sich anscheinend frei bewegten, gaben mir etwas Mut, und ich ging ziemlich forsch dahin, als ich mich von einer Buntheit betroffen fühlte, auf die ich nicht gefasst war. Über allen Türen und Fenstern war eine Art Pike angebracht, an deren Ende eine dreifarbige Fahne wehte. Einige Patrioten, die bessere Republikaner sein

36 Weis, E.: Der Durchbruch des Bürgertums, S. 143
37 Reichardt, R.: Das Blut der Freiheit, S. 157 f.

„Der öffentliche Ankläger", Stahlstich von L. Massard. Die zeitgenössische Darstellung eines Revolutionstribunals zeigt eine typische Gerichtssitzung: rechts das Tribunal, links die Angeklagten auf dem Weg zum Richtertisch.

oder scheinen wollten als ihre Nachbarn, hatten damit angefangen und solch eine Fahne gehisst, und da es gefährlich war, weniger patriotisch zu sein als ein anderer, schmückte seither jeder sein Fenster mit einem dreifarbigen Wimpel. Ebenso bemerkte ich über allen Türen neben diesen Wimpeln große bunte Inschriften: ‚Einheit, Unteilbarkeit, Freiheit, Gleichheit, Brüderlichkeit oder Tod'. Auf einem anderen Plakat, das ebenfalls überall angeschlagen war, standen die Worte: ‚Wohltätigkeit, Gerechtigkeit und Humanität sind das Gebot der Stunde'. Ein Fremder, der zufällig nach Paris gekommen wäre, ohne zu wissen, was vorging, hätte sich angesichts der Worte: ‚Brüderlichkeit oder Tod' einbilden können, man brauche nur bei einem Bürger einzutreten und es sich dort bequem zu machen, und derjenige, der ihm die Gastfreundschaft verweigerte, werde zum Schafott geführt als ein niedriggesinntes Wesen, das verdiente, aus der Gesellschaft der Menschen ausgeschieden zu werden. Dieser Gipfel der Verräterei erinnerte mich an ein Wort des Genfer Philosophen [J. J. Rousseau]: ‚Man spricht in einem Staat um so mehr von der Freiheit', sagt er, ‚je weniger es sie gibt'."[38]

Man schätzt, dass 35 000 bis 40 000 Menschen von den Revolutionstribunalen zum Tode verurteilt wurden, 300 000 bis 500 000 kamen in den Kerker. Aufschlussreich ist der Umstand, dass es sich bei den Getöteten nicht etwa zum Großteil um Aristokraten und Geistliche handelte, sondern dass 85 % dem Dritten Stand angehörten. Alle Prozesse und Verurteilungen erfolgten laut

38 Zit. nach: Pernoud, G. u. Flaissier, S. (Hrsg.): Die Französische Revolution in Augenzeugenberichten. Deutsch von H. Thürnau. München 1976, S. 281 ff.

offizieller Verlautbarungen allein im Namen der Revolution und zum Schutze dieser. „Der Terreur ist nur zu verstehen als Antwort auf innere und äußere Bedrohung. Es war eine schreckliche Antwort. [...] Aber die Krise war 1793 so, dass jede andere Antwort das Scheitern der Revolution bedeutet hätte." [39] Wobei die Bewertung der Terrorherrschaft aber durchaus kritisch erfolgen sollte. „Wenn also die Terreur auch nur als Antwort auf innere und äußere Bedrohung der Revolution entwickelt worden ist, so bleibt doch umstritten, ob die gewaltsamen Mittel nicht über das Ziel hinausgeschossen sind." [40]

Robespierres Diktatur

Als der Konvent die Einsetzung einer Revolutionsregierung und damit die Aussetzung der Verfassung vom Juni 1793 beschloss, wurden alle Minister und Generäle der direkten Kontrolle des Wohlfahrtsauschusses unterstellt. Mithilfe von Kommissaren wurden von dem zwölfköpfigen Gremium, das nun auch nicht mehr allmonatlich gewählt wurde, die Departements überwacht. Robespierre, der jetzt klar als Führer des Wohlfahrtsausschusses auftrat, rechtfertigte im Dezember die diktatorische Regierung als „Krieg der Freiheit gegen ihre Feinde", in dem der Terror „nicht in den Herzen der Patrioten und armen Teufel Furcht erzeugen [soll], sondern in den Zufluchtsorten der ausländischen Räuber, wo die Beute aufgeteilt und das Blut des französischen Volkes getrunken wird." [41] Die Revolution hatte zu dieser Zeit aber schon wieder die Oberhand über die inneren und äußeren Feinde erlangt.[42]

Die Diktatur, die im Namen der Tugend und des Gemeinwohls errichtet worden war, führte aber auch dazu, dass sich die Revolutionsparteien voneinander entfernten, der Konvent sich erneut spaltete. Um Danton und Camille Desmoulins sammelte sich eine Gruppe von Konventsmitgliedern, die so genannten **Nachsichtigen** (*Indulgents* oder *Citras*), die für einen gemäßigten Kurs eintraten, das Ende des blutigen Terrors sowie die Freilassung von 200 000 Verdächtigten forderten. Danton sprach sich zudem für Friedensverhandlungen mit den einzelnen Mitgliedern der gegen Frankreich gerichteten Koalition aus, um diese spalten und unter Anerkennung der Revolution mit den europäischen Staaten Frieden schließen zu können. Die *Indulgents* wurden für ihre Haltung vom Wohlfahrtsausschuss als Feinde der Revolution ange-

39 Schulin, E.: Die Französische Revolution, S. 210
40 Kuhn, A.: Die Französische Revolution, S. 107
41 Œuvres de Maximilien Robespierre. Paris 1912–1967, Bd. X, S. 277–282
42 Reichardt, R.: Das Blut der Freiheit, S. 163

klagt, verfolgt und inhaftiert. Am 5. April 1794 ließ Robespierre Danton, Desmoulins und deren Freunde durch die Guillotine hinrichten. Damit hatte er alle möglichen Gegner anscheinend ausgeschaltet, denn der Einfluss der radikal gesinnten Sansculotten um den Journalisten Jacques René Hébert, der sich als Nachfolger des ermordeten Marats sah, war schon im März durch die Verhaftung und Hinrichtung der nach ihm benannten **Hébertisten** eliminiert worden. Diese Aktionen gegen die politischen Gegner hatten dazu geführt, dass zum einen das mittlere Bürgertum und die Volksbewegung, die **Cordeliers**, ihren politischen Einfluss in der Revolutionsregierung verloren. Zum anderen aber bedeuteten sie den Verlust der Unterstützung dieser Gruppen für Robespierre und seinen Wohlfahrtsausschuss, sodass die Revolutionsregierung immer stärker isoliert wurde. Neben der Revolutionsregierung gab es nach wie vor den frei gewählten Nationalkonvent, der sich jedoch immer wieder dem Willen Robespierres fügen musste, da dieser die Macht der Angst vor dem Terror und die Unterstützung der Sansculotten im Rücken hatte.

Zu einer Eskalation der Schreckensherrschaft kam es im Sommer 1794. Im Mai war ein Attentat auf Robespierre nur knapp fehlgeschlagen, woraufhin dieser im Juni mit dem so genannten Prairial-Gesetz reagierte, das den Revolutionstribunalen ermöglichte, ohne Beweisaufnahme und ohne Verteidigung für den Angeklagten Urteile gegen „Feinde der Revolution" zu fällen. Dies führte dazu, dass allein in Paris im Juni und Juli 1794 4000 Menschen wegen politischer Vergehen inhaftiert und 1376 hingerichtet wurden. In ganz Frankreich forderte der **Große Terror** des Sommers 16 594 Opfer. Diese Hinrichtungs-Orgie war selbst für die bisherigen Anhänger des Terrors zu viel, zumal sie selbst nun fast ständig um ihr Leben bangen mussten, und so formierte sich eine Opposition gegen Robespierre, an der Mitglieder des Konvents, des Wohlfahrtsausschusses und des Militärs beteiligt waren. Am 9. Thermidor des Jahres II der Republik, dem 27. Juli 1794, versuchte Robespierre vor dem Konvent eine Rede zu halten. Seine Gegner aus dem Wohlfahrtsausschuss schrien ihn nieder und inszenierten die Verhaftung im Konvent. „Nach außen hin geschah das unter der Begründung, Robespierre rücke von dem notwendigen Terror ab, tatsächlich geschah es, um den Terror zu beenden. Noch einmal zeigte sich daraufhin die Sympathie der Sansculotten. [...] Die verhafteten Anhänger Robespierres wurden befreit. [...] Der Konvent mit seinen Truppen überwältigte sie [aber]. Robespierre schaffte den Selbstmord nicht. Am nächsten Tag [...] wurde er mit 21 Anhängern ohne Verhandlung und ohne Urteil hingerichtet. In den nächsten Tagen folgten weitere 81 Anhänger."[43]

43 Schulin, E.: Die Französische Revolution, S. 225

Nachthermidor und Direktorium

Die Hinrichtung von Robespierre und seinen Anhängern fand im Juli des Jahres 1794 statt, nach dem neuen Kalender im Thermidor des Jahres II der Republik. Daher wurden die jetzt an die Stelle der alten Regierung tretenden Männer **Thermidorianer** und die Zeit nach Beendigung des Terrors **Nachthermidor** genannt. Zunächst waren es diese Thermidorianer, die die freigewordenen Posten in den Regierungsorganen besetzten. Der jakobinische Terror wurde durch die Abschaffung der Revolutionstribunale im August beendet, im November erfolgte schließlich das Verbot der Jakobiner und im Dezember kehrten die von Robespierre aus dem Konvent ausgeschlossenen Mitglieder – unter ihnen auch die noch lebenden Girondisten – als Abgeordnete zurück. Über die Zeit des Terrors wurde nicht der Mantel des Schweigens ausgebreitet, sondern das Material über die „Exzesse“ unter Robespierre gelangte an die Öffentlichkeit, die Verantwortlichen wurden angeklagt und verurteilt Die Aufarbeitung der jüngsten Vergangenheit lief allerdings nicht immer in legaler und gezügelter Weise ab, sondern es kam auch zu Rachefeldzügen gegen die einstigen „Terroristen“. Der so genannte **Weiße Terror** der Royalisten, die die Restauration der vorrevolutionären Zustände erreichen wollten und nicht nur gegen Jakobiner vorgingen, forderte im ganzen Land zahlreiche Opfer.

Die Zeit zwischen Juli 1794 und Oktober 1795 war weiterhin geprägt „von ständigen gegenseitigen Anklagen und dem Versuch, die Vergangenheit zu bewältigen. Einerseits lastete die Erinnerung an die vielen Morde schwer auf dem Bewusstsein der Zeitgenossen und vergiftete die Atmosphäre, andererseits saßen die Männer, die daran mitschuldig waren, zum großen Teil noch im Nationalkonvent und in den Komitees.“[44]

Satirisches Flugblatt auf Robespierres Blutrausch, der als letztes Opfer den Henker hinrichtet.

44 Weis, E.: Der Durchbruch des Bürgertums, S. 152

Volksaufstände

Die Thermidorianer kehrten auch zur **freien Wirtschaft** zurück. Das Große Maximum wurde zwar zunächst noch beibehalten, war aber nicht mehr effizient, da der Druck von oben, der zu dessen Durchsetzung notwendig gewesen war, fehlte, sodass man schließlich im Dezember 1794 die Preisbindungsgesetze aufhob. Als Folge des freien Handels begannen schwunghafte Spekulationen mit Grundnahrungsmitteln, was zu einer künstlichen Verknappung der Lebensmittel führte, wodurch erneut **Hungersnöte** ausbrachen. Parallel dazu kam es durch eine **inflationäre Geldpolitik** zu einer nahezu völligen Entwertung der Assignaten. Das Großbürgertum profitierte von diesen Veränderungen, die Armen jedoch litten sehr, was dazu führte, dass sich bei den unteren Bevölkerungsschichten Hass gegen die Reichen und vor allem gegen die Neureichen sowie Kriegsgewinnler entwickelte. Viele der Benachteiligten sehnten sich nach der Zeit unter Robespierre zurück, in der zwar Blut geflossen war, es aber zumindest Brot gegeben hatte. Aus dieser Stimmung heraus kam es im Frühjahr 1795 zu erneuten Aufständen.

Im April und im Mai stürmte eine wütende Volksmenge den Sitzungssaal des Nationalkonvents und forderte „Brot und die Verfassung von 1793". Konnte die Thermidor-Regierung den ersten, den **Germinal-Aufstand**, noch mithilfe der Nationalgarde nach vier Stunden beenden, musste sie beim zweiten, dem **Prairial-Aufstand**, das Militär zur Hilfe rufen, um der Lage Herr zu werden. Auf Weisung der Exekutive griffen die Soldaten hart durch, die aufständischen Pariser Sektionen wurden entwaffnet, und durch ein Standgericht wurden 36 Aufrührer, davon sechs Konventsmitglieder der Bergpartei, zum Tode verurteilt.

Die Frühjahrsaufstände des Jahres 1795 bedeuteten einen Einschnitt in der Geschichte der Französischen Revolution, denn durch ihre Niederschlagung verloren die Sansculotten völlig an politischer Bedeutung, und das Militär war erstmals als entscheidende innenpolitische Kraft in Erscheinung getreten. Aber auch die Royalisten versuchten wieder Einfluss in der Politik zu gewinnen, um eine Restauration der Monarchie zu erlangen. Ihr Aufstandsversuch am 5. Oktober 1795 scheiterte jedoch ebenfalls am Einsatz regierungstreuer Truppen unter der Führung eines jungen Offiziers, Napoleon Bonaparte. Von nun an begann die Armee schrittweise und immer mehr zum Vorteil der Generäle die Republik zu dominieren.

Die Direktorialverfassung

Politisch bestimmend war wieder das reiche Bürgertum. Die **Notabeln**, die in Regierung und Verwaltung tätige Schicht des Bürgertums, gewährleistete zum einen die freie Wirtschaft und die Sicherheit des Eigentums und sicherte zum anderen die revolutionären Neuerungen. Diese dritte Phase der Revolution war die „Restauration des besitzenden Bürgertums“[45], jedoch zeigte dieses sich schon bald auffallend schwach gegenüber dem an Macht gewinnenden Militär.

Die Direktorialverfassung

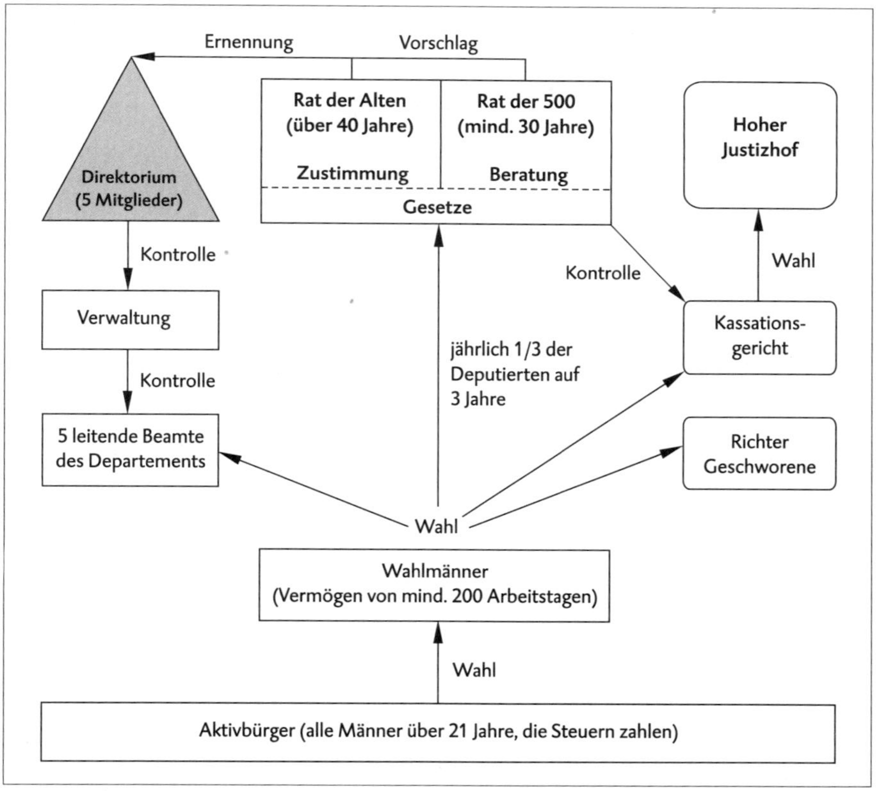

Der Konvent beschloss am 22. August 1795 eine neue Verfassung, die in einer Volksabstimmung von über einer Million Männer angenommen wurde und am 23. September in Kraft trat. In vielen Punkten war man bei der neuen Konstitution zu der alten Verfassung von 1791 zurückgekehrt. So war das Wahl-

45 Kuhn, A.: Die Französische Revolution, S. 120

recht von nun an wieder allein auf die Männer beschränkt, an den Zensus gebunden und indirekt. Eine Urwählerversammlung in den Departements bestimmte die Wahlmänner, deren Vermögen mindestens den Wert von 200 Arbeitstagen haben musste. Von diesen wurden dann die 750 Abgeordneten für das zweikammerige Parlament gewählt. Die eine Kammer bildete der **Rat der 500,** die zweite der **Rat der Alten.** Ein Drittel der Deputierten beider Versammlungen wurden jährlich neu gewählt. Gesetze bedurften eines mehrheitlichen Beschlusses im Rat der 500 sowie der Genehmigung durch den Rat der Alten. Als Exekutive wurde ein fünfköpfiges **Direktorium** eingesetzt, das anhand einer Vorschlagsliste des Rats der 500, die maximal 50 Kandidaten umfassen durfte, vom Rat der Alten gewählt wurde. Jährlich musste ein Mitglied des Direktoriums neu bestimmt werden.

In Bezug auf die Menschen- und Bürgerrechte war die neue Verfassung weitaus konservativer als die von 1793. Gleichheit wurde deutlich als eine Gleichheit vor dem Gesetz und nicht als soziale Gleichheit definiert: „Die Gleichheit besteht darin, dass das Gesetz für alle dasselbe ist."

Im Oktober 1795 fanden die ersten Wahlen statt, bei denen laut eines Dekrets zwei Drittel der bisherigen Nationalkonventsmitglieder (500 Abgeordnete) von den Wahlmännern erneut gewählt werden mussten. Danach begann die Arbeit der großbürgerlichen Regierung, deren Lebensfähigkeit eindeutig auf den militärischen Erfolgen ihrer Armee beruhte.

Die Verschwörung der Gleichen

Während die französischen Truppen im Ausland erfolgreich waren, kam es bereits im Frühjahr 1796 zu einer „Verschwörung für die Gleichheit" unter Federführung von François Noël Babeuf, und ein Volksaufstand wurde vorbereitet. Bei den Verschwörern handelte es sich um Neojakobiner, die die jakobinische Verfassung von 1793 wiedererrichten wollten. Zudem verfolgte die **„Partei der Gleichen"** einen Umbau der Gesellschaft nach dem Prinzip der **sozialistischen Gütergemeinschaft**: Künftig galt für alle die Verpflichtung zu arbeiten, und die Erträge aus dieser Arbeit sollten der Gemeinschaft gehören. Babeuf war mit seiner Kapitalismusfeindlichkeit, der Forderung nach Abschaffung des Privateigentums und seiner Fortschrittsgläubigkeit ein Vorläufer der sozialistischen Theorie und des Kommunismus.

Noch vor dem Ausbruch der Erhebung konnten die 47 Verschwörer um Babeuf verhaftet werden, im Frühjahr 1797 wurde ihnen der Prozess gemacht, nur sieben wurden verurteilt, zwei von ihnen, darunter Babeuf, zum Tode.

Die Regierung des Direktoriums

Die Ausschaltung der „Partei der Gleichen" und somit neuer jakobinischer Bestrebungen durch das erste Direktorium führte letztlich zum Erstarken der Royalisten, was sich dann auch in den Wahlergebnissen vom April 1797 widerspiegelte. Die Möglichkeit eines royalistischen Umsturzes stand unmittelbar bevor. Um dies zu verhindern, führten drei der fünf Direktoren am 4. September (18. Fructidor) einen **Staatsstreich** durch. Paris wurde von Truppen der Generäle Hoche und Bonaparte besetzt, die zwei nicht am Staatsstreich beteiligten Direktoren und zwölf Abgeordnete wurden verhaftet. Die Wahlergebnisse der Departements wurden für ungültig erklärt, wodurch 177 Abgeordnete ihre Sitze verloren. Die zurückgekehrten Emigranten mussten Frankreich wieder verlassen, alle Adeligen wurden zu Ausländern erklärt und 1 800 katholische Pfarrer deportiert. Das neue **zweite Direktorium** erließ Zensurbestimmungen, die die Pressefreiheit einschränkten, und errichtete ein Polizeiregime. Ein royalistischer Umsturz war damit zwar gebannt, jedoch hatte die Verfassung stark gelitten, und der Einfluss der Generäle war immens gewachsen.

Die neue Regierung war bemüht, Ordnung und Stabilität in der Republik zu wahren. Ende 1797 setzte eine innenpolitische Liberalisierung ein, bei der das Verbot politischer Klubs aufgehoben und die Versammlungsfreiheit wieder zugestanden wurde, wodurch es zu einer Wiederauferstehung des Jakobinismus als demokratischer Massenbewegung kam.

Als aber bei den Wahlen 1798 ein Linksrutsch zugunsten der Jakobiner drohte, manipulierte das Direktorium erneut die Ergebnisse, indem es die Stimmen einiger Departements, in denen die Jakobiner erfolgreich waren, für ungültig erklärte. In dem so genannten Staatsstreich vom 22. Floreal VI, dem 11. Mai 1789, wurde die Wahl von 106 direktoriumsfeindlichen Deputierten annulliert. Die Partei der Direktoriumsanhänger erhielt so die Mehrheit in beiden Kammern und konnte ungestört weiter regieren. Ab dem Frühjahr 1798 führte das Direktorium die dringend notwendige **wirtschaftliche und finanzielle Neuorganisation** durch, auf die später Napoleon aufbaute. Allerdings war die Regierung wirtschaftlich stark abhängig von den eroberten Gebieten, deren Steuerleistungen insgesamt ein Viertel des Gesamtbudgets ausmachten.

Nach Robespierres Fall traten die Reaktionäre und Royalisten wieder in den Vordergrund.

Außenpolitik und Krieg 1794–1799

Trotz der innenpolitischen Instabilität Frankreichs gelang es den Kriegsgegnern nicht, Frankreich außenpolitisch niederzuringen. Das Jahr 1794 hatte Frankreich wichtige Siege gebracht und es zur dominierenden Macht des Kontinents gemacht. Nach der Niederlage der Österreicher bei Fleurus (26. Juni, noch unter der Jakobinerherrschaft) waren die österreichischen Niederlande, das heutige Belgien, erobert worden.

Der Beschluss der Jakobiner, sich nicht in die Angelegenheiten anderer Völker einzumischen, wurde im Januar 1795 fallen gelassen: Noch im gleichen Monat erfolgte die Eroberung Hollands, das am 16. Mai zur „Batavischen Republik" erklärt wurde. Bis Oktober 1794 annektierten französische Truppen große Teile des linksrheinischen Deutschlands mit Ausnahme der Stadt Mainz, die erst 1798 dazukam. Die dortigen Revolutionsfreunde hatten gehofft, dass es, wie im Falle der „Batavischen Republik" auch in den linksrheinischen Gebieten zur Proklamation eines souveränen Freistaates kommen würde, dies war jedoch nicht der Fall.[46]

1795 schloss das revolutionäre Frankreich bedeutende Friedensabkommen mit seinen bisherigen Hauptgegnern. Zu Beginn des Jahres unterzeichnete der Bruder des Kaisers, Großherzog Ferdinand von Toskana, einen Friedensvertrag mit dem Direktorium, im April folgte Preußen im Frieden von Basel, wodurch fast ganz Nord- und Mitteldeutschland aus dem Kampf gegen Frankreich ausschied. In einem geheimen Zusatzabkommen erklärte Preußen bei entsprechender Entschädigung den Verzicht auf seinen linksrheinischen Besitz. Für Frankreich, das hier seine Bereitschaft zeigte, sich auch mit absolutistischen Staaten zu einigen, bedeutete der Friede von Basel die Rückkehr in den Kreis diplomatisch anerkannter Mächte. Auch mit Spanien kam es zu einem Ausgleich. Österreich kämpfte nun mit englischer Hilfe allein gegen Frankreich.

Seit dem 2. März 1796 unterstand die Italienarmee des französischen Heeres General Bonaparte, der mit seinem **Italienfeldzug** die Entscheidung im Krieg mit Österreich herbeiführen sollte. Die Truppen Bonapartes eroberten Oberitalien, nur die österreichische Festung Mantua leistete heftigen Widerstand, wurde aber von den Franzosen schließlich ebenfalls eingenommen. Mit diesem Sieg stand Napoleon der Weg nach Wien offen. Durch seine Siege und die Treue seiner Truppen selbstbewusst und stark, zeigte Bonaparte zum ersten Mal seine politischen Ambitionen und seine Unabhängigkeit vom Direktorium in Paris, dessen Weisungen er schlicht missachtete. Am 15. Oktober 1796 er-

46 Vgl. S. 70 f.

klärte er mit Rückhalt bei den italienischen Jakobinern die Gegend um Modena zur „Cispadanischen Republik“. Im April 1797 erzwang er eigenmächtig in Loeben einen Präliminarfrieden (Vorfrieden) mit Österreich, der am 17. Oktober 1797 zum endgültigen Friedensschluss in **Campoformio** führte. Österreich musste darin den Verlust seiner linksrheinischen Gebiete und die Neuordnung Italiens anerkennen und erhielt dafür Venedig. Die Cispadanische wurde um die Lombardei zur Cisalpinischen Republik erweitert. Der **Erste Koalitionskrieg** (1792–1797) war damit beendet, nur England befand sich noch im Kriegszustand mit Frankreich.

Das Direktorium musste Napoleons eigenwillige und selbstständige Handlungsweise hinnehmen, denn die Regierung war sowohl auf die außenpolitischen Erfolge des scheinbar unbesiegbaren Generals als auch auf die Steuereinnahmen, die aus den eroberten Gebieten in die französische Staatskasse flossen, angewiesen.

Napoleons Anstrengungen konzentrierten sich nun auf den letzten verbliebenen Gegner **England**. Den Plan einer Landung auf der Insel hatte Napoleon bald aufgegeben, stattdessen wollte er das britische Reich in Ägypten treffen, indem er dort ein französisches „Gegen-Empire“ errichtete. Letztlich jedoch scheiterte das ganze Unternehmen mit der Vernichtung der französischen Flotte bei Abukir durch Admiral Nelson und an der Formierung einer **zweiten Koalition** gegen Frankreich im Herbst 1798. England, Österreich, Russland, Neapel, Portugal und die Türkei schlossen sich zusammen und griffen Frankreich in den Niederlanden, von Neapel aus, in der Schweiz und in Norditalien an. Das Erfolg gewohnte Frankreich musste in der Anfangsphase des **Zweiten Koalitionskriegs** (1798–1802) militärische Niederlagen einstecken. Im April 1799 wurde die Cisalpinische Republik durch die Koalition erobert und aufgelöst, aber noch vor Napoleons Rückkehr aus Ägypten gelang es General André Masséna wieder Herr der Lage zu werden.

War diese außenpolitische Krise für Frankreich nicht existenzbedrohend, so war sie doch mitverantwortlich für das Scheitern der Direktorialverfassung.

Das Konsulat

Trotz der Annullierung der Wahlergebnisse von 1798 zu Ungunsten der neuen Jakobiner konnten diese im Frühjahr 1799 einen Wahlsieg verzeichnen. Das neu gewählte Direktoriumsmitglied **Joseph Sieyès**, ein ausgewiesener Gegner der in seinen Augen zu schwachen Direktorialverfassung, sowie seine Anhänger sahen in diesem Resultat eine sich zugunsten der Jakobiner abzeichnende

Sturz des Direktoriums: Der Staatstreich vom 18. Brumaire (9./10. 11. 1799). Napoleon übernimmt als Erster Konsul, hier im Rat der Fünfhundert, die Regierungsgewalt. Während des Zweiten Koalitionskrieges überschreitet Napoleon 1800 die Alpen und fügt den Österreichern am 14. Juni mit seinem neu aufgestellten Heer eine entscheidende Niederlage zu.

Machtverschiebung, der sie mit einem **Staatsstreich** entgegenwirken wollten. Ihr Ziel war es, eine Verfassungsänderung in Richtung einer deutlich gestärkten Exekutive zu erreichen. Um die Regierungsgewalt dauerhaft zu übernehmen, benötigte Sieyès jedoch einen Armeeführer, der über große Autorität in der Öffentlichkeit verfügte: General **Napoleon Bonaparte** war es, der zur rechten Zeit am rechten Ort war. Frühzeitig aus Ägypten zurückgekehrt, nachdem er sein Kommando eigenmächtig niedergelegt hatte, traf er am 16. Oktober in Paris ein, wo er von einer jubelnden Menge begeistert empfangen wurde. Rasch kam es zu einer Allianz zwischen Sieyès und Napoleon. Unter dem Vorwand einer bevorstehenden Verschwörung der Jakobiner erhielt Bonaparte das Kommando über die in Paris stationierten Truppen, und am 9./10. November 1799 wurden der Rat der 500 und der Rat der Alten unter Waffengewalt gezwungen, ihre Zustimmung zur **Aufhebung der Verfassung** zu geben. An die Stelle des Direktoriums traten **drei Konsuln**: Sieyès, Bonaparte und Roger Ducos, und bereits am 13. Dezember war die neue Verfassung ausgearbeitet. Gleichzeitig zur neuen Konstitution erließ Napoleon eine Proklamation, in der es hieß: „Franzosen, es wird euch eine Verfassung vorgelegt. Sie setzt den Ungewissheiten, die die Provisorische Regierung in den auswärtigen Beziehungen, in der inneren und in der militärischen Lage der Republik aufkommen ließ, ein Ende. Sie überträgt die Leitung der Einrichtungen, die sie schafft, Ersten Beamten, deren Ergebenheit als für ihre Wirksamkeit notwendig erachtet wurde. Die Verfassung gründet sich auf die wahren Prinzipien der parlamentarischen Regierung und auf die geheiligten Rechte des Eigentums, der Gleichheit und der Freiheit. Die Gewalten, die sie einsetzt, werden stark und dauerhaft sein, wie sie es sein müssen, wenn sie die Rechte der Bürger und die Interessen des Staates schützen sollen. Bürger, die Revolution ist den Grundsätzen, von denen sie ihren Ausgang nahm, fest verbunden; sie ist beendet."[47]

Napoleons Machtausbau

Wie Napoleon in der amtlichen Beendigung der Revolution angekündigt hatte, wurde die neue Verfassung so gestaltet, dass deren Gewalten „stark und dauerhaft" angelegt waren. Dies ging auf Kosten der politischen Mitbestimmung und der zuvor erstrittenen Rechte des Volkes.

Die Konsulatsverfassung von 1799 wurde zwar so konzipiert, dass nicht ein Mann allein, sondern **drei Konsuln** die Spitze des Staates bildeten, doch die wirkliche Macht hatte nur der erste Konsul und dies war Napoleon. Während die beiden Mitkonsuln, Jean-Jacques Régis de Cambacérès und Charles-François Lebrun, nur Berater waren, vereinte Napoleon die Exekutive und Legislative in seiner Person, was bedeutete, dass er die Gesetzes- und Budgetinitiative innehatte und Beamte, Richter sowie Offiziere ernennen konnte. Der erste Konsul wählte auch die Minister aus, aber diese wurden von Napoleon nur nach dessen Belieben zu Beratungen herangezogen, ein richtiges Kabinett mit regelmäßigen Sitzungen existierte nicht.

Durch die **Verfassung** war die Einrichtung von drei Kammern festgesetzt worden: Der **Senat**, das **Tribunat** (1807 bereits wieder abgeschafft) und die **gesetzgebende Körperschaft**, die demokratisch anmuten und formal auch ein Mitbestimmungsrecht bei der Wahl des Senats hatten, besaßen aber keine wirklichen Machtbefugnisse. Die Mitglieder des Senats wurden in der Praxis nahezu ausschließlich von Napoleon ernannt. Außerdem gab es im Tribunat keine Möglichkeit der Abstimmung, sondern dort konnte nur diskutiert werden, während in der gesetzgebenden Körperschaft, deren Mitglieder vom Senat bestimmt wurden, zwar abgestimmt, jedoch nicht beraten werden konnte.

Zwar sicherte die Konstitution das Eigentumsrecht jedes Bürgers, doch die fundamentalen Errungenschaften von 1790, die Menschen- und Bürgerrechte, kannte die neue Verfassung nicht mehr. Doch dies wurde nicht als negativ empfunden. „Begierig nach möglichst unbeschränkten bürgerlichen Freiheiten, schienen die Franzosen mit der politischen Freiheit nichts mehr anfangen

47 Buchez, P. J. u. P. C. Roux: Histoire parlementaire de la Révolution française, ou Journal des assemblées nationales depuis 1789 jusqu'en 1815. Paris 1834–1838, Bd. XXXVIII, S. 301

zu können", und die Verfassung wurde als ein neuer Gesellschaftsvertrag begrüßt, „der es der französischen Bevölkerung ermöglichen werde, ihren Geschäften im Schutze einer starken Regierung nachzugehen."[48]

Einen Schein von Mitbestimmung bewahrte Napoleon jedoch für das Volk, indem er es immer wieder – auch nachträglich – durch **Plebiszite** politische Entscheidungen legitimieren ließ. In einer ersten derartigen Volksabstimmung wurde die Konsulatsverfassung von 3 Millionen Franzosen angenommen, nur 1500 hatten gegen das Dokument gestimmt, jedoch waren 4 Millionen erst gar nicht zu den Urnen gegangen. Auch dies ein deutliches Zeichen der Entpolitisierung bzw. des politischen Desinteresses der breiten Bevölkerung.

Für die Verwirklichung des starken Staates unter der Führung eines Mannes war auch eine grundsätzliche **Verwaltungsreform** notwendig. Napoleon schuf für Frankreich eine zentralistische Verwaltung mit exakt festgelegter Hierarchie, an deren Spitze er selbst stand. Von ihm wurden die Fachminister ernannt, diese wiederum bestimmten die Präfekten der Departements, welche ihrerseits Unterpräfekten einsetzten, die die Bürgermeister in den kleinen Gemeinden ernannten. In Städten mit über 5000 Einwohnern wurde das Stadtoberhaupt direkt von Napoleon bestimmt.

Ein wichtiges Instrument der innenpolitischen Kontrolle war ein direkt Napoleon unterstellter, allmächtiger **Polizeiapparat**, der auch dazu diente, jegliche Opposition zu unterdrücken. Die wichtigste Stütze der napoleonischen Herrschaft bildete jedoch das **Heer** und die von diesem errungenen militärischen Erfolge in den von Bonaparte geführten Eroberungskriegen. Als die Siege ausblieben, ging auch die Herrschaft Napoleons dem Ende zu.

Doch zunächst konnte Napoleon, weil er militärisch erfolgreich war, seine Macht weiter ausbauen. Der Sieg über Österreich bei Marengo (1800) und der Friede von Lunéville (1801) sicherten die napoleonische Vorherrschaft auf dem Kontinent. Als Bonaparte 1802 dann auch mit seinem Erzrivalen England im Frieden von Amiens zu einem Ausgleich kam, schwiegen erstmals seit zehn Jahren die Waffen in Europa.

Noch im gleichen Jahr ließ sich Napoleon zum **Konsul auf Lebenszeit** machen, eine Entscheidung, die er sich nachträglich durch ein Plebiszit von 3,5 Millionen Franzosen bestätigen ließ.

Einen weiteren wichtigen Friedensschluss erreichte Bonaparte, indem er den Kampf mit der **Kirche** beendigte und mit Papst Pius VII. im April 1802 ein Konkordat schloss, in dem der französische Staat die katholische Religion als die der Mehrheit der Franzosen anerkannte. Auch wenn der Katholizismus

48 Louis Bergeron, François Furet u. Reinhart Koselleck: Das Zeitalter der europäischen Revolution 1780–1848. Augsburg 1998, S.135

nicht mehr zur Staatsreligion wurde, so waren doch kirchliche Feiern wieder erlaubt. Vor allem wurde der revolutionäre Kalender abgeschafft und der christliche wieder eingeführt.

Obwohl die Menschen- und Bürgerrechte im napoleonischen Staat keinen Platz gefunden hatten, bedeutete dies nicht etwa Rechtsunsicherheit für die Nation. Vielmehr vereinheitlichte Napoleon nicht nur die Gesetze, sondern er schuf ein neues Rechtssystem, das im **Code Civil** – auch Code Napoleon genannt – seinen Niederschlag fand. Das 1804 veröffentliche Gesetzbuch, das in seinen Grundzügen bis heute in Frankreich Gültigkeit hat, bildete eine Garantie für wichtige Errungenschaften der Revolution, so z. B. die Freiheit der Person, die Gewissensfreiheit, die Gleichheit vor dem Gesetz, die Freiheit wirtschaftlicher Betätigung sowie die Sicherheit des Privateigentums. Im Bereich des Familienrechts war der Code Civil weniger modern, da die Scheidungsmöglichkeiten eingeschränkt und die väterliche Autorität deutlich gestärkt wurde.

Napoleon hatte mit dem Code ein Gesetzbuch schaffen lassen, das der Rechtsunsicherheit des Ancien Régime eine Ende machte und zur rechtlichen Basis der bürgerlichen Gesellschaft des 19. Jahrhunderts wurde.

Im gleichen Jahr, in dem der Code Civil veröffentlicht wurde, vollzog Napoleon den letzten Schritt zur Festigung seiner Macht, indem er das Kaisertum einführte. Am 2. Dezember 1804 krönte sich Bonaparte in der Kathedrale Notre Dame selbst zum Kaiser der Franzosen. Das Volk, über das er nun als Napoleon I. herrschte, billigte diesen Schritt in einem Plebiszit mit 3,5 Mio. Ja-Stimmen. Frankreich war zur Monarchie zurückgekehrt.

Fast 20 Jahre Revolution liegen zwischen den beiden Herrscherportraits: Am 2. Dezember 1804 krönte sich Napoleon zum „Kaiser der Franzosen“. Sein „Code Napoleon“ war kurz zuvor in Kraft getreten. Ebenfalls im Krönungsornat präsentierte sich Ludwig XVI., der letzte absolutistische Herrscher Frankreichs, 1775 seinen Betrachtern.

Die kulturelle Revolution

Die Kalenderreform

Die politische Revolution führte auch zu tief greifenden Veränderungen in Gesellschaft, Kultur und im Alltag. Gerade nach 1792 kam es zu zahlreichen radikalen Neuerungen, die den Anspruch, eine neue Gesellschaft, ja eine neue Epoche eingeläutet zu haben, greifbar machen sollten.

Einer der augenfälligsten Brüche mit der Tradition war die Kalenderreform. Im September 1792 wurde im republikanischen Frankreich eine neue Zeitrechnung eingeführt: Jahresanfang war der 22. September, mit dem das Jahr I der Republik begann. Ein Jahr hatte zwölf Monate zu je 30 Tagen, die übrigen fünf bzw. im Schaltjahr sechs Tage hängte man an das Ende des letzten Monats; sie bildeten eine Reihe von nationalen Feiertagen, die „*Sansculottides*". Ein Monat umfasste drei Wochen mit zehn Tagen (Dekade), deren letzter ein Ruhetag war, was bedeutete, dass eine Anzahl der ehemaligen Sonntage gestrichen war. Die Monate waren entsprechend der Jahreszeiten in Dreiergruppen zusammengefasst und hatten erfundene Namen erhalten.

Die Akzeptanz des neuen Kalenders war insbesondere in den Provinzen sehr gering. Dennoch wurde er erst im Jahr XIV der Republik, also 1805, von Napoleon, der die Dekaden schon drei Jahre zuvor aufgehoben hatte, endgültig abgeschafft.

Die Monate des Revolutionskalenders (gültig ab 22. September 1792)

Herbst	Vendémiaire Brumaire Frimaire	22. September – 21. Oktober 22. Oktober – 20. November 21. November – 20. Dezember
Winter	Nivôse Pluviôse Ventôse	21. Dezember – 19. Januar 20. Januar – 18. Februar 19. Februar – 19. März
Frühling	Germinal Floréal Prairial	20. März – 18. April 19. April – 18. Mai 19. Mai – 17. Juni
Sommer	Messidor Thermidor Fructidor	18. Juni – 17. Juli 18. Juli – 16. August 17. August – 16. September

Religion

Die Provisorische Revolutionsregierung kam den Anliegen der Sansculotten in vielen Bereichen entgegen. So wurde neben der Einführung des *Maximum géneral* mit der **Abschaffung des Christentums** – und damit eigentlich dem Widerruf der Religionsfreiheit – im Dezember 1793 einer weiteren sansculottischen Forderung nachgegeben. Der Grund für diese „Entchristianisierungsversuche" muss im Kampf gegen die eidverweigernden und konstitutionell eingestellten Priester gesehen werden, die auch der Wohlfahrtsausschuss als ernste Gefahr für die Republik einstufte. Robespierre, der im Atheismus ein aristokratisches Erbe sah, wollte keine glaubenslose Nation und erließ daher im Mai 1794 das „Dekret über das Höchste Wesen". Darin wurde festgelegt, dass das französische Volk die Existenz des **Höchsten Wesens** und die Unsterblichkeit der Seele anerkenne. Mittels einer Anzahl von Feiertagen sollten die Bürger daran erinnert werden, dass sie der Gottheit und der Würde des Menschen verpflichtet seien. Dadurch wollte Robespierre verhindern, dass die Spaltung der Nation weiterging, die die Abschaffung des Christentums ausgelöst hatte. Dieses Unterfangen funktionierte letztlich nicht, da der christliche Glaube über Jahrhunderte hinweg die Wurzel und einigende Klammer der Nation – natürlich vor allem der ländlichen Bevölkerung – gewesen war. Das staatliche Verbot des Christentums durch die Revolutionsregierung machte die Staatsspitze den Menschen, die der christlichen Gläubigkeit und Mentalität tief verbunden waren, suspekt. „Wie sehr der christliche Glaube getroffen wurde, hing vom Grad seiner Verwurzelung in der jeweiligen Region ab. Die massenhaften Verhaftungen von Priestern, [...] die Priesterheiraten und Priesterabdankungen, [...] die unzähligen Kirchenschließungen, [...] die Einschmelzung von Kirchensilber, [...] die Kürzung von Kirchtürmen auf die ‚demokratische Höhe' von Häusern, die Diffamierung von Zusammenkünften der Gläubigen als Orte konterrevolutionärer Umtriebe brachte den Katholizismus in schwerste Bedrängnis. Jedoch wurden diese Maßnahmen nur selten koordiniert und kontinuierlich durchgeführt, und dank der Beharrung vieler Christen gelang es in einer ganzen Reihe von Bezirken, wirksamen Widerstand zu organisieren."[49]

Die Angriffe auf Kirche und Klerus nahmen nach dem Sturz Robespierres ab, die Priester – eidverweigernde und konstitutionelle – kehrten aus dem Untergrund in die Öffentlichkeit zurück. 1795 wurde die Kultfreiheit gesetzlich garantiert. Das Konkordat zwischen Napoleon und Pius VII. von 1801 sicherte schließlich wieder die Stellung der Kirche im Staat.

49 Schleich, E.: Kirche, Klerus und Religion. In: Ploetz – Die Französische Revolution, S. 183

Mode

Auch im äußeren Erscheinungsbild der Menschen, also in der Mode, schlug sich die Revolution nieder, wie sich bereits in der Bezeichnung Sansculotten erkennen lässt. Hatten die Adeligen die Culotte, eine enganliegende Kniehose getragen, so wurde jetzt die lange, weite Hose der Bauern, Handwerker und Seeleute das moderne Beinkleid aller revolutionär Gesinnten – sie waren die *sans culottes*. Dazu trug man ein offenes, rüschenloses Hemd, eine kurze Jacke sowie die rote phrygische Mütze (Jakobinermütze) als Zeichen der Freiheit und Holzpantinen.

Die Frauenkleider wurden häufig nach antiken Roben gestaltet; Vorbild waren die fließenden weißen Kleider der tugendhaften Frauen des republikanischen Roms. Gepuderte Haarpracht wurde abgelöst von natürlicheren Frisuren. Dennoch gab es weder bei Männern noch bei Frauen einen Kleiderzwang und man konnte im Prinzip tragen, was gefiel.

Eine gewisse „Nachlässigkeit" in der Kleidung der Revolutionszeit endete mit dem Sturz Robespierres. Während des Nachthermidors und in der Direktoriumszeit zeigte dann vor allem die Verwendung edler Stoffe, wie Musslin für Kleider und Kaschmir doch wieder soziale Unterschiede an.

Vor der Revolution war die Standeszugehörigkeit an der Kleidung erkennbar. Der adelige Herr trug eine gepuderte Perücke, seidene Strümpfe und Kniehosen (culottes), die Damen eine aufgetürmte Haarpracht und ausladende Röcke. Mit der Revolution kam Natürlichkeit in Mode: Der Mann kleidete sich nun in lange Arbeitshosen und trug phrygische Mützen statt Dreispitz; die Frau Brusttuch und Haube.

Revolutionäre Feste und Bräuche

Gleich nach Ausbruch der Revolution entstand eine besondere Form der Feierlichkeit, die revolutionären Feste im Freien. Die Jubiläumsfeiern und Umzüge oder Trauerprozessionen für große Revolutionäre waren reich dekoriert, musikalisch eindrucksvoll umrahmt und im Ablauf genau programmiert. „Das berühmteste Fest, das des Höchsten Wesens am 8. Juni 1794 mit Robespierre als Oberpriester, kann geradezu als kulturgeschichtlicher Höhepunkt der Revolution mitten im Terror bezeichnet werden.“[50]

Neben revolutionären Großveranstaltungen gab es auch eine ganze Reihe kleinerer Feste und symbolischer Handlungen. Historische Vergleiche haben gezeigt, dass die Festbräuche der Revolution auf vier Hauptquellen zurückgehen: Auf das Volksbrauchtum, auf das klassische Altertum, auf Bräuche protestantischer Sekten und schließlich auf katholische Traditionen. Das Aufstellen der blau-weiß-rot geschmückten Freiheitsbäume, das seit 1789/90 in Mode kam und ab 1794 offizieller Festakt war, hatte zum Beispiel seinen Ursprung im Volksbrauch der Maibäume, die als Zeichen des Frühlingserwachens errichtet wurden. Die verschiedenen patriotischen Feste sollten vor allem der nationalen Erziehung der lese- und schreibunkundigen Bevölkerungsschichten dienen, indem diesen in Wort, Lied und Bild (Allegorien) Ziele und Symbole der Revolution vor Augen geführt wurden.

Erziehung und Bildung

Wichtig war den Revolutionären, die Jugend zu guten und brauchbaren Bürgern der Republik zu erziehen. Der Versuch, ein nationales Erziehungssystem zu schaffen, gelang jedoch nicht in vollem Umfang. Zwar wurde der kostenlose, für alle verpflichtende und konfessionsunabhängige **Volksschulunterricht** gesetzlich verankert, jedoch konnten die dazu notwendigen Schulen aufgrund finanzieller Engpässe bei weitem nicht alle verwirklicht werden, und in der Zeit des Direktoriums musste auch manche wieder schließen. 1795 wurde die Einrichtung von mindestens einer *École centrale* in jedem Departement beschlossen, die von 12- bis 18-jährigen Kindern des mittleren und höheren Bürgertums besucht wurde. Insbesondere Naturwissenschaften und Mathematik standen bei diesen Schulen im Mittelpunkt des Lehrplans.

50 Schulin, E.: Die Französische Revolution, S. 230

Das **Universitätswesen** wurde reformiert, indem man die Hochschulen zu Fachschulen umstrukturierte. Den Überbau für diese neuen Ausbildungseinrichtungen bildete das im Oktober 1793 ins Leben gerufene *Institut de France,* dessen Aufgaben in der Vereinheitlichung der Wissenschaften und Künste sowie der Pflege und Fortschreibung der Aufklärungsphilosophie im Sinne der Revolution bestanden.[51]

Medien

Für die Information und die politische Bildung der breiten Masse spielten die Printmedien eine entscheidende Rolle. Bereits seit 1787 nahm die Zahl der politischen **Flugschriften** stark zu, um von 1789 bis 1791 zu einer „publizistischen Explosion unter dem beherrschenden Vorzeichen eines nationalen Freiheitsenthusiasmus"[52] zu führen. Mit dem wachsenden Einfluss der Sansculotten in der Politik traten in der Publizistik verstärkt volksnahe und radikale Texte und Bilder in den Vordergrund, die dann unter der Herrschaft der Revolutionsregierung zugunsten der revolutionär-nationalen Propaganda zurückgedrängt wurden. Neben 1705 periodisch erschienenen Schriften sind aus dem Jahrzehnt der Revolution 18159 anonyme Drucke und 33 985 Veröffentlichungen einzelner Autoren erhalten. Die amtliche Beendigung der Revolution durch Napoleon spiegelt sich auch im Pressewesen wider, das aufgrund der starken Einschränkung der Pressefreiheit auf nur noch wenige erlaubte Veröffentlichungen reduziert wurde.

Flugblätter und **Wandzeitungen** *(Affiches)*, die sich zumeist der einfachen Sprache der Pariser Markthallen bedienten, hatten eine große massendidaktische Bedeutung. Nach der gemeinsamen Lektüre oder dem Vorlesen entwickelten sich unter den versammelten Bürgern rasch politische Diskussionen, Standpunkte wurden dargelegt, neue Ideen aufgenommen. Es kam zu einer breiten politischen Bewusstseinsbildung, da die Bürger über politische Geschehnisse rasch informiert wurden und sich eine eigene Meinung bilden konnten. Eine ähnliche Rolle spielten auch die **Zeitungen**, deren Anzahl von einer einzigen zu Beginn des Jahres 1789 auf über 300 anstieg. Die Presse entwickelte sich zu einer Kontrollinstanz des Parlaments, sie wurde zur Vierten Gewalt. Dies wird zum Beispiel an Marats „*Ami du Peuple*" deutlich. Marat, der alleinige Herausgeber, sah die Aufgabe der Zeitung darin, Verschwörungen und Verräter zu

51 Reichardt, R.: Schulwesen und Erziehung. In: Ploetz – Französische Revolution, S. 190–199
52 Reichardt, R.: Das Blut der Freiheit, S. 190

entlarven, über die Konventsarbeit zu informieren, Fehlentwicklungen anzuprangern und die Rechte des Volkes zu wahren.

Neben diesen vor allem durch Text dominierten Veröffentlichungen spielten die **Bildflugblätter** eine wichtige Rolle bei der politischen Propaganda. Aktuelle Geschehnisse wurden oft kommentierend und karikierend dargestellt mit dem Ziel, die Bürger, die weder lesen noch schreiben konnten, für die eigenen politischen Ideen zu gewinnen. Zudem konnten abstrakte politische Begriffe anschaulich ins Bild gesetzt werden, was der Popularisierung und Transparenz diente. Ein beliebtes Medium der Vermittlung waren dabei die traditionellen **Almanache**, die neben einem Kalender, den Marktterminen und astrologischen Inhalten auch Berichte über die Ereignisse der Revolution, Geschichten über revolutionäre Helden und zahlreiche Symbole und Begriffe der Revolution in veranschaulichender Weise einer breiten Schicht zugänglich machten.

Literatur

In den Jahren von 1789 bis 1799 kam es zu einer **Sakralisierung** der Literatur, die von der Literaturgeschichtsschreibung kaum wahrgenommen bzw. verdrängt wurde und wird. Der Grund liegt vor allem darin, dass die Autoren der Revolution sich ganz bewusst von der „Schönen Literatur“ *(Belles Lettres)* abwandten und der Literatur einen politischen Gegenwartsbezug gaben. Der Literat verstand sich nun als geistig und finanziell unabhängiger „Patriotischer Schriftsteller“.

Die Produktion von Romanen ging stark zurück und an ihre Stelle traten Theater, Chanson, Almanach und Bildgrafik; erst während der Zeit des Direktoriums wurde der Roman wieder populär. Die „neuen Schriftsteller der Revolution“ stammten häufig – und dies gilt vor allem für die Zeit von 1789 bis 1794 – aus der Schicht der Kleinbürger und Handwerker. Einer der bekanntesten und produktivsten unter ihnen, der auch während der Zeit des Direktoriums und unter napoleonischer Herrschaft viel publizierte und darüber völlig verarmte, war der Bauunternehmer und ehemalige Maurer Pierre-François Palloy.[53]

Das **Theaterleben** hatte sich rasch verändert; insbesondere das bürgerliche Drama erlebte einen Boom. Daneben erfreuten sich rührselige Sentimentalstücke, theatralisch aufgearbeitete Ereignisse aus der Revolution sowie Dramen um antike Freiheitshelden großer Beliebtheit. Es entwickelte sich ein nationales Drama, das zur „moralischen Anstalt“ (Schiller) patriotischer Erziehung wurde. In der Zeit des Terrors wurden dann alle girondistischen oder repub-

53 Vgl. zu Palloy Reichardt, R.: Das Blut der Freiheit, S. 233 – 240

likfeindlichen Stücke verboten und der Konvent verordnete 1793, dass patriotische und revolutionäre Stücke einmal wöchentlich gespielt werden mussten. Bei Theateraufführungen kam es oft vor, dass das Publikum ganz spontan das sansculottische Lied *Ça ira* oder die *Marseillaise* anstimmte, um dadurch die politische Bedeutung einer einzelnen Szene oder des Gesamtstückes hervorzuheben und die Schauspieler zu motivieren.[54] So wurde das Theater „neben den Revolutionsfesten und den Schulen zur tragenden Säule patriotisch-republikanischer Erziehung erhoben, wurde vor allem in den Jahren von 1790 bis 1794 zu einem Ort heftigster politischer Auseinandersetzungen."[55]

Sprache

In der Alltagssprache schlug sich die Revolution in einer Vielzahl von Wortneuschöpfungen, wie z. B. den Neologismen *Sansculottes* oder *Montagnards,* nieder. Bereits 1790 versuchte ein Wörterbuch, diese sowie die zahlreichen neuen Wortbedeutungen, z. B. Revolution, Patriot oder Freiheit, zusammenzufassen und verbindlich festzulegen.

Parallel dazu liefen verschiedene **sprachpolitische Bemühungen**, die den Revolutionären in Anbetracht der Tatsache dringend notwendig erschienen, dass um 1790 rund die Hälfte der Franzosen unfähig war, Französisch zu sprechen, sondern nur die lokalen Dialekte und Regionalsprachen wie Korsisch, Bretonisch, Katalanisch und Deutsch beherrschte. Alle Dekrete der Nationalversammlung sollten daher in die jeweiligen Dialekte und Sprachen übersetzt werden; ein Unterfangen, das aber nur zum Teil verwirklicht wurde. Während der Jakobinerherrschaft endete hier jegliche Toleranz. Die Regionalsprachen und Dialekte wurden als konterrevolutionär und republikfeindlich diffamiert und ihr Gebrauch verboten. Auch wenn dies in der Praxis schwer umzusetzen war, so markiert die revolutionäre Sprachpolitik den Beginn der Durchsetzung des Französischen als Nationalsprache.

Eine wichtige Neuerung im alltäglichen Miteinander stellte ein sansculottischer Antrag vom Oktober 1793 dar, in dem gefordert wurde, „dass jeder ohne Unterscheidung alle Männer und Frauen duzen soll, mit denen er allein spricht, bei Strafe, sonst als verdächtig zu gelten [habe]", um Klassenunterschiede abzubauen, größere Vertraulichkeit und mehr Gleichheit zu erzeugen.[56] Obwohl

54 Einen guten Überblick bietet Lüsebrink, H.-J.: Sprache und Literatur. In: Ploetz – Französische Revolution, S. 241–261

55 Lüsebrink, H.-J.: Sprache und Literatur. In: Ploetz – Französische Revolution, S. 250

56 Zit. nach: Hunt, L.: Französische Revolution und privates Leben. In: Aries, Ph. U. G. Duby (Hrsg.): Geschichte des privaten Lebens. Bd. 4: Von der Revolution zum Großen Krieg. Augsburg 1999, S. 26

der Konvent dem Antrag letztlich nicht folgte, bürgerte sich gerade bei den radikalen Revolutionären der Unterschicht das „Du" – als Zeichen revolutionärer Loyalität – rasch ein.

Familie und Ehe

Besonders deutlich zeigte sich der öffentliche Eingriff im Bereich des Familienlebens. Schon die Eheschließung war seit September 1792 kein rein privater und kirchlicher Akt mehr, sondern musste durch einen Beamten auch vor dem Gesetz für gültig erklärt werden. Damit basierte die Ehe von nun an auf einem zivilrechtlichen Vertrag. Im Verständnis der revolutionären Ideologie war die Ehe das Bindeglied zwischen Bürgern und Staat und sollte ersteren Freude und Sicherheit bieten. Konnte eine Ehe diese Wünsche nicht erfüllen, so bot das Gesetz vom 20. September 1792 auch die Möglichkeit der Scheidung. Das Scheidungsrecht kannte sieben Gründe für die unmittelbare amtliche Eheaufhebung (u. a. Wahnsinn, Brutalität, notorische Zügellosigkeit, Emigration), aber auch die Ehetrennung in gegenseitigem Einvernehmen und bei Unvereinbarkeit der Charaktere war möglich.[57]

Ein Mitglied der Nationalgarde heiratet im Antlitz des Höchsten Wesens. Die neuen, verweltlichten Hochzeitsrituale unterstreichen das gegenseitige Einverständnis und die öffentliche Autorität. Der religiöse Aspekt bleibt aber in Symbolen erhalten. Die Scheidung ist nach dem Gesetz von 1792 leicht, aber wenig empfehlenswert. Die revolutionäre Moral, sehr familiär ausgerichtet, appelliert im Interesse des Kindes gegen die zerstörerischen Leidenschaften an die Vernunft des Ehepaares.

57 Vgl. Hunt, a. a. O, S. 33–40

Frauen in der Revolution

Die Frauen hatten bei den revolutionären Ereignissen von 1789 – erinnert sei hier nur an den Zug der Pariser Frauen nach Versailles – eine aktive Rolle gespielt und zur Verwirklichung von Freiheit und Gleichheit wesentlich beigetragen. Dies führte dann auch dazu, dass sie selbst an diesen Errungenschaften in irgendeiner Weise teilhaben wollten.

Sie organisierten sich in politischen Frauenclubs, deren Mitglieder meist gebildet waren und aus dem Bürgertum stammten. Die Revolutionärinnen artikulierten ihre Forderungen und brachten sie auch vor das Parlament, das in manchen Fällen den Anträgen stattgab, in anderen aber unnachgiebig blieb. Letzteres galt insbesondere für das Wahlrecht, das den Frauen in keiner Phase der Revolution zugestanden wurde. Zwar hatte **Olympe de Gouges**, die vehement für die Rechte der Frauen eintrat, bereits im September 1791 eine „Erklärung der Rechte der Frau und Bürgerin" verfasst, in der sie in 17 Artikeln die rechtliche und politische Gleichstellung von Frauen und Männern forderte, jedoch stießen derartige Ansinnen bei den Revolutionären meist auf Ablehnung. Als ein Hauptargument gegen eine aktive Mitwirkung der Frauen im Staat wurde deren traditionelle Mutterrolle, die sie von Natur aus als ungeeignet für die Politik erscheinen ließ, immer wieder angeführt.

Erst ab **1792** wurden verschiedene Forderungen der Frauen auch gesetzlich umgesetzt. Neben der Möglichkeit zur Ehescheidung wurde zum Beispiel die Zeugnisfähigkeit der Frauen bei allen Rechtsakten und vor Gericht dekretiert. 1793 folgte das Verfügungsrecht über Familienbesitz und 1794 das gleiche Erbrecht für Mädchen und Jungen, sodass zumindest eine **zivilrechtliche Gleichstellung** erreicht wurde.

Eine aktive Rolle bei der Verteidigung der Revolution hatten die Frauenclubs ab Kriegsbeginn im Frühjahr 1792. Sie übernahmen die republikanische Ausbildung der Jugend, die Armenfürsorge sowie die Ausstattung der Soldaten, indem sie Kleidungsstücke für die Frontsoldaten nähten und strickten. Einige revolutionäre Französinnen gingen sogar noch weiter und verlangten, selbst mit der Waffe in der Hand die Nation verteidigen zu dürfen; ein Ansinnen, das die Nationalversammlung ablehnte. In diesem Wunsch nach Gleichberechtigung im Kriegsdienst kam jedoch deutlich das neue Bewusstsein vom eigenen politischen Wert und der Selbstständigkeit der Frauen zum Ausdruck.

Für kurze Zeit erlangte die im Mai 1793 gegründete „Gesellschaft der Revolutionären Republikanerinnen" eine wichtige innenpolitische Stellung, da sie den Montagnards beim Kampf gegen die Girondisten mit Petitionen und Demonstrationen zur Seite stand. Jedoch bereits im Oktober 1793 löste sich die Vereinigung wieder auf und der Konvent verbot von da an alle reinen Frauenclubs.[58] Es gab aber auch Frauen, die gegen die Revolution bzw. gegen die Auswüchse derselben kämpften. Die bekannteste unter ihnen ist Charlotte Corday d'Armont, die Marat ermordete.

Charlotte Corday war keine Monarchistin, sondern durchaus Republikanerin, die jedoch durch die Hinrichtung Ludwigs XVI. tief erschüttert wurde. Sie äußerte damals: „Die Männer, die uns die Freiheit versprachen, haben sie hingemordet. Es sind Henkersknechte!"[59] Der jakobinische Kampf gegen die Girondisten und der zunehmend blutige Terror bestärkten Charlotte in ihrem Ziel, Frankreich von dieser brutalen Diktatur zu befreien. In Marat, dem Urheber der Septembermorde, der am radikalsten und wohl auch brutalsten die Vernichtung aller Revolutionsfeinde forderte, sah sie den Tyrannen, das Monster, das so viele unschuldige Opfer gefordert und Frankreich ins Unheil gestürzt hatte. Am 13. Juli 1793 erstach Charlotte Corday den in der Wanne sitzenden Marat mit einem Küchenmesser. Nach ihrer Festnahme schrieb sie an ihren Vater: „Freut Euch über mein Schicksal. Die Sache ist das Opfer wert."[60] Das Attentat brachte nicht den von ihr erhofften Frieden für Frankreich, sondern forderte noch viele unschuldige Opfer, da die radikalen Jakobiner Marats Ermordung zum Anlass für verschärfte Terrormaßnahmen und die Vernichtung der Girondisten nahmen. Charlotte Corday wurde am 17. Juli 1793 hingerichtet. Kurz nach ihrem Tod wurde sie für viele Terrorgegner zur mythischen Figur.

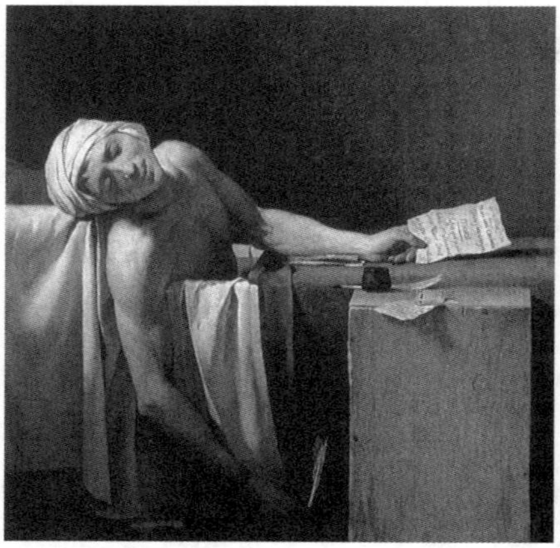

Marat in der verklärenden Pose des Todes, nachdem ihn Charlottes Stich, die sofort nach ihrer Tat verhaftet wird, getroffen hat. Angeblich hat der Revolutionär in der Badewanne den von ihm herausgegebenen „Volksfreund" studiert.

58 Vgl. Reichardt, R.: Das Blut der Freiheit, S. 172–179; Botsch, E.: Frauen und Familie in der Revolution. In: Ploetz – Französische Revolution, S. 160–169
59 Zit. nach: Castelot, A.: Die Französische Revolution, S. 177
60 Ebd. S. 181

Die Französische Revolution und das Alte Reich

Das Alte Reich, das Heilige Römische Reich Deutscher Nation, war seit dem Westfälischen Frieden 1648 territorial zersplittert. 300 Einzelstaaten waren formell Mitglieder dieses Reiches, an dessen Spitze ein Kaiser stand, der nur sehr geringe politische Handlungsmöglichkeiten hatte. Die einzelnen Territorialstaaten betrieben ihre eigene Politik und waren nur in den das Reich als Ganzes betreffenden Punkten, z. B. bei der Erklärung des Reichskrieges, an die Beschlüsse des Reichstags gebunden. Der Reichstag, der seit 1673 als immerwährender Gesandtenkongress in Regensburg tagte, war eine Gremienversammlung, in der die Kurfürsten, Reichsstände und Reichsstädte je eine Beratungsgruppe bildeten, die zu einem gemeinsamen Ergebnis in Reichsfragen gelangen musste. Ein Reichstagsbeschluss, der die Zustimmung des Kaisers erhielt, wurde dann als Reichsabschied zum Reichsgesetz.

Unter den auf Eigenständigkeit und Souveränität bedachten Territorialstaaten waren Preußen und Österreich die beiden größten, die in zahlreichen Belangen in ständiger Konkurrenz zueinander standen. Viele der deutschen Fürsten hatten für ihren Staat den Absolutismus als Regierungsform übernommen oder aber diesen gemäß den Prinzipien der Aufklärung modifiziert und führten ihre Territorien als aufgeklärte, absolutistische Herrscher.

Reaktion der Bildungsbürger

Nicht nur auf manche regierenden Fürsten im Heiligen Römischen Reich Deutscher Nation hatten die Gedanken der Aufklärung Einfluss, sondern vor allem auch auf das Bildungsbürgertum, bei dem sich schon vor 1789 ein politisches Bewusstsein ausgebildet hatte. Zwischen diesen Intellektuellen fand ein reger Gedankenaustausch statt und es entwickelte sich seit den 70er-Jahren des 18. Jahrhunderts auch eine gegen die „tyrannischen" Fürstenregime gerichtete Literatur, wie z. B. Friedrich Schillers Drama „Die Räuber". Das 1782 im Selbstverlag erschienene Stück veranlasste Herzog Karl Eugen von Württemberg, Schiller unter Androhung von Festungshaft das Schreiben zu verbieten, woraufhin der Autor aus dem Herzogtum floh.

Das Politikbewusstsein der fortschrittlichen Denker in den Territorialstaaten Deutschlands wurde durch die revolutionären Ereignisse in Frankreich stark beeinflusst. Die ersten Berichte und Kommentare über die Geschehnisse zu

Beginn der Revolution fanden bei den aufgeklärten Geistern des Bildungsbürgertums durchwegs positive Resonanz, und der Sturm auf die Bastille am 14. Juli 1789 führte zu wahren Begeisterungsausbrüchen. Der Dichter Friedrich Gottlieb Klopstock (1724–1803) schreibt in seinem Gedicht „Die Etats Généraux“ 1789 über die Revolution:

„Der kühne Reichstag Galliens dämmert schon,
Die Morgenschauer dringen den Wartenden
Durch Mark und Bein: O komm, du neue,
Labende, selbst nicht geträumte Sonne!
[...]
Verzeiht, o Franken (Name der Brüder ist
Der edle Name), dass ich den Deutschen einst
Zurufte, das zu fliehn, warum ich
Ihnen itzt flehe, euch nachzuahmen.
[...]
... Gallien krönet sich
Mit einem Bürgerkranze, wie keiner war.
Der glänzet heller und verdient es,
Schöner als Lorbeer', die Blut entschimmert.“[61]

Nicht nur das Lob auf die französischen Revolutionäre wird hier von Klopstock gesungen, sondern er appelliert auch an seine deutschen Landsleute, sich ihren Traum von der Freiheit zu erfüllen und es den Franzosen nachzutun.

Christian Friedrich Schubart, der seiner politischen Publizistik und Gedichte wegen zehn Jahre im Gefängnis gesessen hatte, sah durch die Revolution seinen Traum von Freiheit und Gleichheit verwirklicht:

„O Freiheit, Freiheit! Gottes Schoß entstiegen,
Du aller Wesen seligstes Vergnügen,
An tausendfachen Wonnen reich,
Machst du die Menschen – Göttern gleich.
[...]
Und endlich, allen Völkern zum Erstaunen,
Als hätt auch eine Göttin ihre Launen,
Hast du dein Angesicht – verklärt
zu frohen Galliern gekehrt.“

61 Klopstock, A. W., S. 140

So manche der deutschen aufgeklärten Intellektuellen hielt es nicht mehr in der Heimat und sie reisten nach Frankreich, um zu Augenzeugen der weltbewegenden Ereignisse zu werden. Unter ihnen war auch der Braunschweiger Jugendschriftsteller und Pädagoge Joachim Heinrich Campe (1746–1818), der mit seinen durchwegs positiven Berichten von den revolutionären Ereignissen, den „Briefen aus Paris“, die erstmals 1790 erschienen, die deutsche Meinungsbildung wesentlich beeinflusste. Unter dem Datum des 26. August 1789 schreibt Campe: „Je länger ich hier bin, je aufmerksamer ich die Knospen, die Blüten und die Früchte der jungen französischen Freiheit betrachte und je länger ich das hier angefangene Kreißen des von praktischer Philosophie geschwängerten menschlichen Geistes beobachte, welcher gerechte und weise Staatsverfassungen, allgemeine Aufklärung und Völkerglück gebären zu wollen verheißt: desto inniger und fester wird meine Überzeugung, daß diese französische Staatsumwälzung die größte und allgemeinste Wohltat ist, welche die Vorsehung, seit Luthers Glaubensverbesserung, der Menschheit zugewandt hat und daß daher das ganze, weiße, schwarze, braune und gelbe Menschengeschlecht, rund um den Erdball herum, ein allgemeines feierliches Herr Gott dich loben wir dafür anstimmen sollte.“[62] Bei der akademischen Jugend lösten solche begeisterten Worte z. T. eine regelrechte Revolutionsschwärmerei aus.

Durch die Ereignisse in Frankreich kam es in den Territorien des Reiches zum einen zu einer intensivierten Auseinandersetzung mit den Themen Politik und Revolution; auf der anderen Seite begannen sich die politisch Interessierten in Gruppen zusammenzuschließen. Dadurch wurde der Grundstock des politischen **Parteiensystems** in Deutschland gelegt, denn die bestimmenden Hauptrichtungen – konservativ, liberal und (sozial)demokratisch – bildeten sich bereits damals aus.[63]

Politische Gruppierungen und die Reaktion der Fürsten

Die **konservativen Gegner** der Revolution, so zum Beispiel im Kurfürstentum Hannover Justus Möser oder die Mitarbeiter der „Berliner Monatsschrift“ sowie die Gegner der Radikalisierung ab 1792, die eine liberale Linie verfolgten, waren eher lose organisiert. Anders die Demokraten oder so genannten **deutschen Jakobiner**, die – obwohl zumeist im Geheimen operierend – streng organisiert waren und nach französischem Vorbild „Jakobinerclubs“ – u. a. in Jena – gründeten.

62 Zit. nach: Die Französische Revolution im Spiegel der deutschen Literatur, S. 184–185
63 Vgl. Kuhn, A.: Die Französische Revolution, S. 169–178

Bis zum Jahr 1792 war die öffentliche Meinung im Alten Reich größtenteils durchaus revolutionsfreundlich. Dies änderte sich jedoch mit der beginnenden Radikalisierung in Frankreich und führte durch die Hinrichtung des Königs 1793 zu einer regelrechten Wende. Nur mehr die Minderheit der deutschen Jakobiner befürwortete den radikalen Kurs, während die liberale Richtung, zu der auch Klopstock und Campe zählten, das Festhalten an den Prinzipen von 1789 forderte und die Jakobinerdiktatur generell ablehnte.

Manche der **Fürsten** im Reich reagierten auf die Revolution zunächst keineswegs ablehnend, da sie meinten, dass Frankreich gezügelt und die Möglichkeiten einer Hegemonie von dessen Seite deutlich eingeschränkt werde. Kaiser Joseph II. (1765–1790), selbst ein reformorientierter, aufgeklärter Herrscher, interpretierte die Veränderungen, die die Revolution mit sich brachte, als Kopie seiner eigenen Reformen. Auch sein Nachfolger Leopold II. (1790–1792) verfolgte gegenüber dem neuen Frankreich einen gemäßigten Kurs, der jedoch nach seinem überraschenden Tod von seinem Sohn und Nachfolger Franz II. (1792–1806) aufgegeben wurde.

Der Pfälzer Kurfürst Karl Theodor bekämpfte in seinem Land alle radikalen Aufklärer, wahrte jedoch gegenüber dem Nachbarn Frankreich während des ersten Koalitionskrieges noch weitgehende Neutralität. Aber auch die Haltung der Reichsfürsten, die zunächst die Revolution nicht als eine unmittelbare Bedrohung auffassten, änderte sich spätestens mit der Hinrichtung Ludwigs XVI. Dieser Akt der Revolutionäre wurde als Barbarei, Ungeheuerlichkeit und als Unrecht verstanden und brachte die monarchischen Staaten Europas gegen Frankreich auf.

Die Mainzer Republik

Neben der freiwilligen Rezeption bzw. später auch Ablehnung der Französischen Revolution und ihrer Errungenschaften bzw. Auswüchse gab es aber auch noch eine andere direkte Einwirkung auf das Reich, den **Revolutionsexport** durch die Revolutionsarmee. Unter dem Schutz der französischen Armee konnten die deutschen Revolutions- und Freiheitsanhänger dort, wo die Truppen deutsches Gebiet erobert hatten, also vor allem links des Rheins, Republiken gründen. Im Oktober 1792 kam es so zur Errichtung der Mainzer Republik, die aber nur bis April 1793 Bestand haben sollte. Hier entstand in Deutschland erstmals ein nach allgemeinem, gleichem und direktem Männerwahlrecht berufenes Länderparlament, der rheinisch-deutsche Nationalkonvent, der am 18. März 1793 die Loslösung der Mainzer Republik vom Reich und am 21. März die Angliederung an Frankreich beschloss. Dies alles war möglich geworden, nachdem die französischen Truppen im September 1792 Mainz erobert und den Kurfürsten zur Flucht genötigt hatten. Den Mainzer Demokraten, federführend unter diesen war der Naturforscher Georg Forster (1754–1794), bot sich nun die Chance, unter dem Schutz und mit ideologischer sowie finanzieller Unterstützung der französischen Besatzer offen und frei zu handeln. Die schon vorhandene demokratische Bewegung organisierte sich in Klubs, die schnell an Mitgliederzahlen gewannen und eine intensive Öffentlichkeitsarbeit betrieben. So wurden vom Mainzer Jakobinerklub, der „Gesellschaft der Freunde der Gleichheit und Freiheit", zum Beispiel Vorlesungen für das Volk eingeführt, bei denen Verlautbarungen der französischen Nationalversammlung und auch revolutionäre Privatschriften verlesen und erklärt wurden. Aber nicht nur in Mainz selbst, sondern auch im Umland entstanden demokratische Zirkel, die aktiv für die revolutionären Errungenschaften warben und die Botschaft von Freiheit und Gleichheit verbreiteten.

Das demokratische Mainzer Experiment endete jedoch schon nach wenigen Monaten, und mit dem Einzug preußischer Truppen und der Rückkehr des Kurfürsten im Juli 1793 waren vorerst alle freiheitlich orientierten Bestrebungen auf Eis gelegt. Langfristig aber war in Mainz und in der Pfalz eine demokratische Politikkultur entstanden, die sich dann im Vormärz wieder zeigen sollte, am deutlichsten wohl im Hambacher Fest 1832.

Mit dazu beigetragen hatte auch die **zweite demokratische Phase** im linksrheinischen Gebiet nach der erneuten Eroberung durch die Franzosen Ende 1797. Wieder wurde die Revolution in ihrer ganzen Bandbreite, mit all ihren Institutionen und Symbolen an den Rhein exportiert, und erneut hatten die Demokraten die Zügel übernommen. Das Direktorium in Paris verfolgte jedoch eine Expansionspolitik, deren Ziel die Sicherung der „natürlichen Grenzen" war, zu denen im Westen der Rhein zählte. Es kam zum Anschluss der Cisrhenanischen Republik an Frankreich, ein Schritt, der dann auch von Napoleon 1802 bestätigt wurde. Da die Cisrheinischen Gebiete zu französischen Departements geworden waren *(Roer, Rhine et Moselle, Sarre, Mont-Tonerre)* war auch hier nach dem 13. Dezember 1799 die Revolution amtlich beendet.[64]

64 Vgl. zur gesamten Thematik Reichardt, R.: Das Blut der Freiheit, S. 266–290; Kuhn, A.: Die Französische Revolution, S. 183–193

Die Französische Revolution – Ein Ausblick

Historische Bedeutung

Die historische Bedeutung der Französischen Revolution wurde schon von den Zeitgenossen erkannt und in der Folgezeit von allen Historikern immer wieder herausgehoben.[65] In den zehn Jahren zwischen 1789 und 1799 kam es in Frankreich zu **grundlegenden sozialen und politischen Umwälzungen**, die über die Grenzen der Grand Nation hinaus Auswirkungen auf die geistige und politische Entwicklung vieler und nicht nur europäischer Länder hatte, sodass es durchaus berechtigt ist, von einer internationalen Bedeutung der Großen Revolution zu sprechen.

Welche Faktoren und Umstände sind es aber nun, die den epochalen Ereignissen eine solche Wichtigkeit verleihen, dass sie letztlich bis in die Gegenwart hinein wirken?

Revolutionsbegriff

Schon bei der Betrachtung des Begriffs „Revolution" wird die enge assoziative Bindung an die Geschehnisse in Frankreich deutlich.[66] In der Spätantike bezeichnet *revolutio* den Umlauf des Mondes um die Erde, wurde aber auch schon mit negativer Konnotation für das Ewiggleiche gebraucht. Während der Begriff im astronomischen Gebrauch in den folgenden Jahrhunderten wertneutral erhalten blieb, erfuhr er im gesellschaftlich-politischen Zusammenhang eine Abwertung und wurde dann von Machiavelli in der Renaissance im Zusammenhang mit erfolglosen sozialen und politischen Aufwiegelungen und Wirren gebraucht.

Zu Beginn des 17. Jahrhunderts kam es dann zu einem **Bedeutungswandel**, wobei auch hier interessanterweise der Ausgangspunkt die Begriffsverwendung im Bereich der Astronomie darstellt. Kopernikus hatte im Jahr 1543 in seinem

65 Vgl. Schulin, E.: Die Französische Revolution, S. 7–14; zur Bewertung durch die Historiographie ebd. S. 22–51

66 Nachfolgende Ausführungen orientieren sich an der Darstellung von Schulin, E.: Die Französische Revolution, S. 14–21

Werk „De revolutionibus orbium coelestium“ die regelmäßige Rotation der Sterne beschrieben, was in einer Zeit astrologischer Hochkonjunktur manchen Zeitgenossen dazu veranlasste, die sozialen, religiösen und politischen Veränderungen in einen direkten Zusammenhang mit dieser Bewegung der Gestirne zu bringen. So wurde der Begriff „Revolution“ auch schon bald auf die **Wende politischer Konstellationen** angewandt.

Der Revolutionsbegriff fand nun immer mehr Eingang in die politische Sprache, jedoch noch nicht mit den uns heute geläufigen Inhalten. Als 1688 das englische Parlament, das die Wiedereinführung des Katholizismus durch König Jakob II. befürchtete, diesen zur Abdankung zwang und an seiner Stelle Wilhelm von Oranien inthronisierte, hat man diesen unblutigen Vorgang als *Glorious Revolution* bezeichnet. Hierbei handelte es sich um die legitime Wiederherstellung eines ursprünglichen und als richtig empfundenen staatlichen Zustandes, also eigentlich das, was man heute **Restauration** nennt.

In der französischen Aufklärung wird *Revolution* für die Bezeichnung geistiger, sittlicher und gesellschaftlicher Veränderungen verwendet. Voltaire prophezeite für seine Gegenwart eine „Revolution des Geistes“, und Rousseau sah – womit er Recht behalten sollte – ein „Jahrhundert der Revolutionen“ voraus, das gesellschaftlichen und technischen Fortschritt bringen werde.

Eine grundlegende Änderung des Revolutionsbegriffs und des Revolutionsbewusstseins brachte aber dann erst die **Französische Revolution** selbst. Dieser **elementare Begriffswandel** wird schon in den ersten Stunden nach der Erstürmung der Bastille historisch greifbar. Als man nämlich Ludwig XVI. über dieses Ereignis informierte, rief der König erschrocken aus: „Das ist eine Revolte!“, woraufhin ihm der Duc de la Rochefoucault-Liancourt, der die Nachricht überbracht hatte, antwortete: „Nein, Sire, das ist eine Revolution.“ Der gewaltsame Aufruhr des Volkes wird also hier mit dem Begriff für gesellschaftlichen und geistigen Fortschritt verbunden, eine Konnotation, die sich dann die Revolutionäre zu Eigen machten. „Die Französische Revolution von 1789 ist also faktisch und bewusstseinsmäßig die erste europäische Revolution im vollen Sinne. Erst von ihr aus können wir versuchen zu definieren, was wir noch heute unter einer Revolution verstehen.“[67]

Unsere heutige, eben durch die Französische Revolution geprägte Auffassung von Revolution versteht unter einer solchen den **politischen oder sozialen Umsturz einer bestehenden Gesellschaftsordnung** oder Lebensführung. „Die am häufigsten vorkommende Revolution ist die politische. Sie verfolgt das Ziel, eine neue Ordnung zu schaffen, um sie dann gegen jeden weiteren

67 Schulin, E.: Die Französische Revolution, S. 19

Umsturz zu verteidigen, auch unter Anwendung von Gewalt. Revolutionen vollziehen sich allgemein nach gewissen Gesetzmäßigkeiten; hierzu gehören die Negierung der bestehenden Zustände und die Formierung kämpferischer Kräfte, die Lähmung des Gegners, das Ergreifen der Macht, die Beseitigung der alten Herrschaftsträger sowie die Entmachtung ihrer Gewalten, sodann der Ausbau und die Rechtfertigung der neuen Macht sowie die Neugestaltung der gesellschaftlichen Verfassung."[68]

Der Maler des wichtigsten Revolutionsgemäldes des 19. Jahrhunderts, Eugene Delacroix, stellt zwar eine Szene des 28. Juli 1830 dar, verzichtet aber bewusst auf eine zeitliche und räumliche Einordnung der Ereignisse. Sein Ziel war nicht die Darstellung der Julirevolution in Frankreich, sondern die Schaffung eines allgemein gültigen Werkes: Die Freiheit führt das Volk auf die Barrikaden.

Die Entstehung der bürgerlichen Gesellschaft

Betrachtet man die Entwicklung der europäischen Geschichte bis zur Mitte des 19. Jahrhunderts, so wird auch in diesem Zusammenhang die epochale Wirkung der Französischen Revolution deutlich greifbar. Sie wurde zum „Katalysator der politischen Kulturen in Europa"[69] und brachte die Impulse hervor, die letztlich zu den **europäischen Revolutionen 1848/49** führten. In allen Ländern Europas „wirkte die Revolution bei unzufriedenen Gruppen als Anstoß, überfällige Reformen und Veränderungen [...] energischer zu betreiben. Überall löste sie eine Welle politischer Publizistik von neuer Radikali-

68 Fuchs, K. u. H. Raab: dtv-Wörterbuch zur Geschichte, Bd. 2. München 6. bearb. u. erweiterte Auflage, 1987, S. 710–711
69 Reichardt, R.: Das Blut der Freiheit, S. 257

tät und sozialer Reichweite aus […] Überall wurden neue soziale Gruppen und Schichten an die Politik herangeführt […], überall erkämpften sich diese Gruppen […] Zugang zum Politischen. […] Überall bildeten sich in Auseinandersetzung mit der Revolution deutlicher als zuvor gegensätzliche politische Lager heraus. So hat die Französische Revolution […] letztlich wichtige Impulse zur Herausbildung einer gemeinsamen, tendenziell demokratischen politischen Kultur Europas gegeben.“[70]

Dass die **Politisierung** insbesondere **des Bürgertums** dauerhaft war, zeigt das Beispiel in den deutschen Staaten ganz deutlich, denn weder die napoleonische Besatzungsherrschaft noch die anschließende Restauration konnten letztlich die liberalen Kräfte beseitigen. Vielmehr das Gegenteil war der Fall, denn erst die **Befreiungskriege** gegen Napoleon (1813–1815) führten die beiden politischen Gruppierungen zu einer revolutionären Bewegung zusammen. Auch wenn diese durch die reaktionäre Politik nach dem Wiener Kongress (1814–1815) unterdrückt wurden, bestanden sie doch weiter und kämpften für ihre Ideen.

Als es 1830 und dann erneut 1848 in Frankreich zu Revolutionen kam, lösten diese auch in den deutschen Staaten revolutionäre Aufstände aus, die von liberal und demokratisch gesinnten Kräften vorangetrieben wurden. Letztlich überstanden die alten Staaten den Ansturm von 1848 zwar noch, mussten aber durch Zugeständnisse immer mehr dem bürgerlich-demokratischen Fortschritt Rechnung tragen.

Auftrieb erhielt die deutsche Volksbewegung durch die Julirevolution von 1830. Das Hambacher Fest 1832 wurde zu einer Demonstration für Einheit und Freiheit, wie sie Deutschland bisher noch nie erlebt hatte. 30 000 Menschen, unter ihnen vor allem Vertreter des bürgerlichen Mittelstandes, Handwerker und Studenten nahmen an der Kundgebung teil.

70 Reichardt, R.: Das Blut der Freiheit, S. 331

Revolution von oben

In einigen deutschen Staaten hatte es schon vor der Revolution in Frankreich Reformen vonseiten des Staates gegeben, so z. B. in Österreich (Josephinische Reformen 1781) und in Preußen unter Friedrich II., ab Mitte der 80er-Jahre des 18. Jahrhunderts aber waren „die angeblich von ihrer aufgeklärten Regierungsweise überzeugten Herrscher [...] wieder auf den Weg zum reinen Absolutismus zurückgekehrt“[71] und nach 1789 verschärfte sich die Situation in den meisten Ländern des Heiligen Römischen Reiches, da „viele Fürsten [...] nicht nur die revolutionsfreundliche öffentliche Meinung, sondern auch alle aufklärerischen Strömungen“ bekämpften.[72]

Diese starre und zu Beginn des bürgerlichen Zeitalters schon anachronistisch anmutende Haltung der Monarchen konnte aber nicht mehr von Dauer sein. Durch die zunehmende politische Bewusstseinsbildung, die nationalen, liberalen und schließlich demokratischen Strömungen, die ein direktes Erbe der Französischen Revolution waren und von großen Teilen der Bevölkerung rezipiert und propagiert wurden, erzeugten die Bürger in den einzelnen Staaten einen politischen Druck auf die Regierungen, dem diese teilweise mit Reformen entgegenzuwirken versuchten. Hatten sich so manche Fürsten im Reich derartigen Modernisierungsbestrebungen anfangs noch vehement widersetzt, so war nach dem Zusammenbruch des Heiligen Römischen Reichs deutscher Nation (1806) für die meisten eine Reform des Staates unumgänglich, um ein einheitliches Wirtschafts- und Rechtsgebiet zu schaffen. So kam es dann z. B. in Bayern unter König Max I. Joseph und seinem Reformminister Graf von Montgelas sowie in Preußen unter Federführung der Minister Karl Heinrich Friedrich vom und zum Stein und Karl August von Hardenberg zu einer „Revolution von oben“, deren wichtige staatliche Veränderungen und Neuerungen den Grundstock einer modernen staatlichen Entwicklung bildeten.[73]

71 Kuhn, A: Die Französische Revolution, S. 205. Hier finden sich auch weitere kritische Einschätzungen des sog. Aufgeklärten Absolutismus, S. 201–206
72 Kuhn, A: Die Französische Revolution, S. 205
73 Eine ausführlichere Darstellung zu diesen Themen kann an dieser Stelle nicht gegeben werden. Weiterführende und empfehlenswerte Darstellungen der Thematik findet man bei Thomas Nipperdey: Deutsche Geschichte 1800–1866. Bürgerwelt und starker Staat. München 1993; Wolfram Siemann: Vom Staatenbund zum Nationalstaat. Deutschland 1806–1871. München 1995 (Neue Deutsche Geschichte, Bd. 7) und bei Heinrich August Winkler: Der lange Weg nach Westen. Deutsche Geschichte vom Ende des Alten Reiches bis zum Untergang der Weimarer Republik. Bd. 1. München 2000

Quellen, Literatur und Internetadressen

Die besondere Stellung der Französischen Revolution in der europäischen Geschichte hat schon bald nach ihrem Ende zu einer sehr intensiven historischen Erforschung geführt. Seit dem frühen 19. Jahrhundert kam es zu einer Fülle an wissenschaftlichen Publikationen, die das Ereignis aus unterschiedlichen Blickwinkeln, als Ganzes oder in Teilaspekten und auch durch verschiedene ideologische Brillen betrachteten und bewerteten. In diese Literaturauswahl sind vor allem jüngere und jüngste Publikationen zum Thema aufgenommen, die den aktuellen Stand der Forschung wiedergeben und sich auch gut zur selbstständigen, weiterführenden Lektüre eignen. Ausführliche Bibliographien zur Französischen Revolution finden sich in den angeführten Monographien.

Barudio, Günter: Paris im Rausch. Die Revolution in Frankreich 1789–1795. Gütersloh, München 1989
Cronin, Vincent: Ludwig XVI. und Marie-Antoinette. Berlin 2005
Doyle, William: The Oxford History of the French Revolution. Oxford 1989
Furet, François u. Denis Richet: Die Französische Revolution. München 1980
Gantet, Claire u. Bernhard Struck: Revolution, Krieg und Verflechtung 1789 bis 1815. Darmstadt 2006
Hartmann, Peter C. (Hrsg.): Französische Könige und Kaiser der Neuzeit. Von Ludwig XII. bis Napoleon III. 1498–1870. München 1994
Herding, Klaus und Rolf Reichardt: Die Bildpublizistik der Französischen Revolution. Frankfurt/M. 1989
Herre, Franz: Marie Antoinette. Die Biographie. Düsseldorf 2004
Kuhn, Axel: Die Französische Revolution. Stuttgart 1999
Kruse, Wolfgang: Die Französische Revolution. Stuttgart 2005
Markov, Walter: Revolution im Zeugenstand. Frankreich 1789–1799. 2 Bde. Leipzig 1982
Pernoud, Georges und Sabine Flaissier (Hrsg.): Die Französische Revolution in Augenzeugenberichten. Deutsch von Hagen Thürnau. München 1976
Reichardt, Rolf (Hrsg.): Ploetz. Die Französische Revolution. Freiburg, Würzburg 1988
Reichardt, Rolf u. Eberhard Schmitt (Hrsg.): Handbuch politisch-sozialer Grundbegriffe in Frankreich 1620–1820. München 1985 ff.
Reichardt, Rolf: Das Blut der Freiheit. Französische Revolution und demokratische Kultur. Frankfurt/Main [2]1999

Sanson, Henri: Tagebücher der Henker von Paris: 1685–1847. Erster und zweiter Band in einer Ausgabe. Hrsg. von Eberhard Wesemann und Knut-Hannes Wettig. Hamburg 2004

Schulin, Ernst: Die Französische Revolution. München 1988

Soboul, Albert: Die Große Französische Revolution. Ein Abriß ihrer Geschichte. 2 Bde. Frankfurt/M. [5]1988

Thamer, Hans Ulrich: Die Französische Revolution. München 2004

Weis, Eberhard: Der Durchbruch des Bürgertums 1776–1847. Frankfurt/M., Berlin, Wien 1982 (Propyläen-Geschichte Europas, Bd. 4), S. 81–221

Die nachfolgenden **Internetadressen** enthalten Text- und Bildinformationen sowie teils weiterführende Links zum Thema Französische Revolution. Aufgrund der Schnelllebigkeit des Internets bzw. der Unbeständigkeit mancher Homepage-Betreiber kann es leider sein, dass die eine oder andere Adresse plötzlich ins Leere führt. Zum Zeitpunkt der Zusammenstellung im März 2006 waren jedoch alle Adressen gültig. Eine regelmäßig aktualisierte Linkliste findet sich im Historischen Forum:

http://www.wissen.de
http://www.lib.byu.edu/~rdh/eurodocs/france.html (Englisch)
http://www.zum.de
http://chnm.gmu.edu/revolution/index.html (Englisch)
http://www.revolution.historicum.net
http://www.franz-revolution.de/
http://www.frankreich-experte.de/fr/1/141.html
http://www.glasnost.de
http://www.sfn.uni-muenchen.de
http://historicum.net

Stichwortverzeichnis

Bildnachweis

Umschlagbild: Zeichnung von Gérad, Phototèque des Presses de la Cité et Jerômé da Cunha

S. 2: Phototèque des Presses de la Cité et Jerômé da Cunha; S. 5: Bildarchiv preußischer Kulturbesitz (li); S. 7: Portraitgemälde von Antoine F. Callet, 1786; Original: Paris, Musée Carnavalet, Foto: Alfredo Dagli Orti 1992; Marie Antoinette mit der Rose Gemälde von Elisabeth Vigée-Lebrun um 1780, Bildarchiv preußischer Kulturbesitz; S. 9: Kolorierter Kupferstichvon J. A. Otto nach einem Gemälde von C. Monet, Bildarchiv preußischer Kulturbesitz; S. 10: Gemälde von Jacques Louis David, Original: Paris, Musée Carnavalet, Foto: Alfredo Dagli Orti 1992, Bildarchiv preußischer Kulturbesitz; S. 11: Kolorierter Kupferstich von J. P. Laminit, Bildarchiv preußischer Kulturbesitz; S. 14: Gouache von P.-E. Le Sueur 1791, Paris, Musée Carnavalet (li); S. 17: Anonymer Kupferstich; S. 19: Zeitgenössische aquarellierte Zeichnung, Bildarchiv preußischer Kulturbesitz; S. 22: Zeitgenössische Abschrift der Marseillaise um 1800; S. 25: Zeichnung von Gérad, Phototèque des Presses de la Cité et Jerômé da Cunha; S. 27: (li) Öl auf Leinwand um 1790, Original: Paris, Musée Carnavalet, Foto: Alfredo Dagli Orti 1992, (mi) anonymes zeitgenössisches Gemälde, Original: Paris, Musée Carnavalet; (re) Gemälde vom Joseph Boze 1793, Original: Paris, Musée Carnavalet, Foto: Alfredo Dagli Orti 1992, alle: Bildarchiv preußischer Kulturbesitz; S. 30: Aquatinta von L. Schiavonelli nach einer Zeichnung von D. Pellegrini 1797, Bildarchiv preußischer Kulturbesitz (re), Zeitgnössisches Ölgemälde der dänischen Schule, Original: Paris, Musée Carnavalet, Foto: Alfredo Dagli Orti 1992 (re), Bildarchiv preußischer Kulturbesitz; S. 34: Bildarchiv preußischer Kulturbesitz; S. 35: Französische Lithographie 19. Jh., Bildarchiv preußischer Kulturbesitz; S. 40: Archiv für Kunst und Geschichte, Berlin; S. 42: (li) Stahlstich von L. Massard nach einer Zeichnung von H. Baron 1843, beide Abb.: Bildarchiv preußischer Kulturbesitz; S. 45: Kolorierte zeitgenössische Radierung, Bildarchiv preußischer Kulturbesitz; S. 49: Stahlstich von L. Massard nach einer Zeichnung von H. Baron 1843, Bildarchiv preußischer Kulturbesitz; S. 52: (re) Gemälde von Jacques Louis David 1800, Original: Stiftung Preußische Schlösser und Gärten, Berlin Brandenburg, Schloss Charlottenburg; S. 56: Hachette (li), Gemälde von Joseph Sifredde Duplessis 1777, Foto: Gerad Le Gall; S. 59: Archiv für Kunst und Geschichte, Berlin (re); S. 64: Paris, Bibliotheque Nationale (li), Paris,

Musée Carnavalet (re); S. 66: Gemälde von Jacques Louis David 1793, Original: Brüssel, (li), Holzschnitt nach einem franz. Kupferstich (re) beide Abb.: Bildarchiv preußischer Kulturbesitz; S. 75: Gemälde von Eugéne Delacroix 1830, Origianl: Louvre, Foto: J. Remmer, Bildarchiv preußischer Kulturbesitz; S. 76: Bildarchiv preußischer Kulturbesitz

Ihre Meinung ist uns wichtig!

Ihre Anregungen sind uns immer willkommen. Bitte informieren Sie uns mit diesem Schein über Ihre Verbesserungsvorschläge!

Titel-Nr.	Seite	Vorschlag

Bitte hier abtrennen

Zutreffendes bitte ankreuzen!

Die Absenderin/der Absender ist:

- ☐ Lehrer/in in den Klassenstufen: ______
- ☐ Fachbetreuer/in
  Fächer: ______
- ☐ Seminarlehrer/in
  Fächer: ______
- ☐ Regierungsfachberater/in
  Fächer: ______
- ☐ Oberstufenbetreuer/in
- ☐ Schulleiter/in
- ☐ Referendar/in, Termin 2. Staatsexamen: ______
- ☐ Leiter/in Lehrerbibliothek
- ☐ Leiter/in Schülerbibliothek
- ☐ Sekretariat
- ☐ Eltern
- ☐ Schüler/in, Klasse: ______
- ☐ Sonstiges: ______

Unterrichtsfächer: (Bei Lehrkräften!)

______

STARK Verlag
Postfach 1852
85318 Freising

19-V1T_GW
Bitte ausfüllen und im frankierten Umschlag an uns einsenden. Für Fensterkuverts geeignet.

Kennen Sie Ihre Kundennummer? Bitte hier eintragen.

Absender (Bitte in Druckbuchstaben!)

Name/Vorname

Straße/Nr.

PLZ/Ort/Ortsteil

Telefon privat

Geburtsjahr

E-Mail

Schule/Schulstempel (Bitte immer angeben!)

Bitte hier abtrennen

Bitte hier abtrennen

(Bitte blättern Sie um)

Geschichte

Geschichte 1 – Baden-Württemberg – Die Entwicklung der politischen Kultur im Kaiserreich und in der Weimarer Republik · Die Zerstörung der Demokratie durch den Nationalsozialismus	Best.-Nr. 84761
Geschichte 2 – Baden-Württemberg Deutschland seit 1945 · Die bipolare Welt	Best.-Nr. 84762
Geschichte 1 – Bayern Vom 19. Jahrhundert bis zum Ende des Nationalsozialismus	Best.-Nr. 94781
Geschichte 2 – Bayern Deutschland seit 1945 · Europäische Einigung Weltpolitik der Gegenwart	Best.-Nr. 94782
Geschichte 1 – NRW Vom 19. Jahrhundert bis zum Ende des Nationalsozialismus	Best.-Nr. 54761
Geschichte 2 – NRW Deutschland und Europa nach dem Zweiten Weltkrieg	Best.-Nr. 54762
Geschichte 1 – Deutschland vom 19. Jahrhundert bis zum Ende des Nationalsozialismus	Best.-Nr. 84763
Geschichte 2 – Deutschland seit 1945 · Europäische Einigung Weltpolitik der Gegenwart	Best.-Nr. 84764
Methoden Geschichte	Best.-Nr. 94789
Abitur-Wissen Die Antike	Best.-Nr. 94783
Abitur-Wissen Das Mittelalter	Best.-Nr. 94788
Abitur-Wissen Die Französische Revolution	Best.-Nr. 947810
Abitur-Wissen Die Ära Bismarck: Entstehung und Entwicklung des deutschen Nationalstaats	Best.-Nr. 94784
Abitur-Wissen Imperialismus und Erster Weltkrieg	Best.-Nr. 94785
Abitur-Wissen Die Weimarer Republik	Best.-Nr. 47815
Abitur-Wissen Nationalsozialismus und Zweiter Weltkrieg	Best.-Nr. 94786
Abitur-Wissen Deutschland von 1945 bis zur Gegenwart	Best.-Nr. 947811
Kompakt-Wissen Abitur Geschichte Oberstufe	Best.-Nr. 947601
Lexikon Geschichte	Best.-Nr. 94787

Kunst

Abitur-Wissen Malerei, Plastik, Architektur (G8)	Best.-Nr. 949618
Abitur-Wissen Malerei (G9)	Best.-Nr. 94961
Abitur-Wissen Analyse und Interpretation (G9)	Best.-Nr. 94962

Wirtschaft/Recht

Wirtschaft – Markt und Preise, Die Zukunft der Sozialen Marktwirtschaft	Best.-Nr. 84851
Betriebswirtschaft	Best.-Nr. 94851
Abitur-Wissen Volkswirtschaft	Best.-Nr. 94881
Abitur-Wissen Rechtslehre	Best.-Nr. 94882
Kompakt-Wissen Abitur Volkswirtschaft	Best.-Nr. 948501

Politik

Abitur-Wissen Internationale Beziehungen	Best.-Nr. 94802
Abitur-Wissen Demokratie	Best.-Nr. 94803
Abitur-Wissen Sozialpolitik	Best.-Nr. 94804
Abitur-Wissen Die Europäische Einigung	Best.-Nr. 94805
Abitur-Wissen Politische Theorie	Best.-Nr. 94806
Kompakt-Wissen Abitur Politik/Sozialkunde	Best.-Nr. 948001
Lexikon Politik/Sozialkunde	Best.-Nr. 94801

Ethik

Ethische Positionen in historischer Entwicklung	Best.-Nr. 94951
Abitur-Wissen Philosophische Ethik	Best.-Nr. 94952
Abitur-Wissen Glück und Sinnerfüllung	Best.-Nr. 94953
Abitur-Wissen Freiheit und Determination	Best.-Nr. 94954
Abitur-Wissen Recht und Gerechtigkeit	Best.-Nr. 94955
Abitur-Wissen Religion und Weltanschauungen	Best.-Nr. 94956
Abitur-Wissen Politische Ethik	Best.-Nr. 94958

Religion

Katholische Religion 1 – gk	Best.-Nr. 84991
Katholische Religion 2 – gk	Best.-Nr. 84992
Abitur-Wissen GK ev. Religion Der Mensch zwischen Gott und Welt	Best.-Nr. 94973
Abitur-Wissen GK ev. Religion Die Verantwortung des Christen in der Welt	Best.-Nr. 94974
Abitur-Wissen Glaube und Naturwissenschaft	Best.-Nr. 94977
Abitur-Wissen Jesus Christus	Best.-Nr. 94978
Abitur-Wissen Die Frage nach dem Menschen	Best.-Nr. 94990
Abitur-Wissen Die Bibel	Best.-Nr. 94992
Abitur-Wissen Christliche Ethik	Best.-Nr. 94993

Erziehungswissenschaft

Erziehungswissenschaft NRW GK/LK	Best.-Nr. 54941
Erziehungswissenschaft	Best.-Nr. 94941

Pädagogik/Psychologie

Grundwissen Pädagogik	Best.-Nr. 92480
Grundwissen Psychologie	Best.-Nr. 92481

Sport

Bewegungslehre · Sportpsychologie	Best.-Nr. 94981
Trainingslehre	Best.-Nr. 94982

Bestellungen bitte direkt an:

STARK Verlagsgesellschaft mbH & Co. KG · Postfach 1852 · 85318 Freising
Tel. 0180 3 179000* · Fax 0180 3 179001* · www.stark-verlag.de · info@stark-verlag.de
* 9 Cent pro Min. aus dem deutschen Festnetz

STARK

19-VIT_GW